# Vorwort

AF239384

## Willkommen in der Welt der Rollenspiele!

Einige von Ihnen haben vielleicht schon von dieser Spielgattung gehört, und bei manchen wird der erste Eindruck vielleicht nicht unbedingt positiv gewesen sein.

Viele Medien-Berichte der Vergangenheit haben Rollenspieler als gemeingefährliche Subjekte mit hohem Gewaltpotential dargestellt, die man zum Schutz der "normalen" Bevölkerung vielleicht besser einsperren sollte. Das Hobby wurde (häufig durch schlecht recherchierte oder gar falsche Schein-Argumente) mit Wirklichkeitsverlust, Okkultismus und vielen anderen Dingen in Verbindung gebracht.

Wie Sie sich vielleicht denken können, vertreten wir eine gänzlich andere Meinung. Und Sie hoffentlich auch, wenn Sie dieses Heft gelesen haben.

**Das ERSTE** soll Ihnen einen ersten Eindruck von dem umfassenden Themenbereich geben, den das Rollenspiel darstellt. Wir möchten auf die historischen wie spielerischen Grundlagen dieser Spielform eingehen und Ihnen sogar die Möglichkeit geben, an Ihrem ersten eigenen Abenteuer teilzunehmen.

Alles, was Sie dazu brauchen, finden Sie auf den folgenden Seiten.

Zunächst aber möchten wir Ihnen einen Vorschlag machen. Unter Rollenspielern ist es nicht üblich, allzu förmlich miteinander umzugehen, und deshalb möchten wir Ihnen an dieser Stelle das "Du" anbieten, einverstanden?
Gut!
Dann möchten wir Euch jetzt nur noch eine interessante Lektüre wünschen. Und vor allem viel Spaß beim Spielen.

*Das Team von* Krimsus Krimskrams-Kiste

# Vorwort

## — speziell für Rollenspieler —

Wenn Ihr schon eine gewisse Erfahrung mit Rollenspielen vorzuweisen habt, werdet Ihr Euch vielleicht fragen, was Ihr mit diesem Heft anfangen sollt.

Nun, wenn Ihr nicht gerade eine Möglichkeit sucht, Neulingen das Rollenspiel nahezubringen oder wenn Euch nicht interessiert, wie andere sich eine solche Einführung vorstellen, wird es Euch wirklich nicht allzu viel bringen.

Aber um ehrlich zu sein, für Euch wurde **Das ERSTE** auch nicht geschrieben.

Es handelt sich bei diesem Heft nicht um irgendein Regelwerk, das sich den Anschein einer Neulings-Freundlichkeit geben will, um sich einen größeren Käuferkreis zu verschaffen.

**Das ERSTE** wurde konzipiert, um potentiellen Neueinsteigern, die sich bisher noch nicht mit Rollenspielen befaßt haben, einen Einblick in diese Materie zu bieten und sie zu einer ersten spielerischen Erfahrung mit diesem faszinierenden Hobby hinzuführen.

Aus diesem Grund sind auch die Regeln für **Das ERSTE** so einfach gehalten, daß erfahrene Rollenspieler ob deren „Primitivität" wahrscheinlich die Nase rümpfen werden. Natürlich ist uns auch klar, daß vieles an diesen Regeln vereinfachend und vielleicht auch „unrealistisch" ist. Ihr Zweck soll jedoch vor allem sein, einem Einsteiger ein Gefühl dafür zu geben, wie man ein (mehr oder weniger) reales Geschehen im Rahmen eines Spieles darstellen kann, ohne dabei einfach eine Münze zu werfen („Kopf – Du schaffst es, Zahl – Du schaffst es nicht"). Das wäre denn wohl doch ZU einfach.

Trotzdem, bei aller Beachtung der Bedürfnisse eines Neulings, wir wollen auch keinem erfahrenen Rollenspieler ausreden, sich **Das ERSTE** in seine Sammlung zu stellen. Wir sind davon überzeugt, daß auch diese sich hin und wieder vor Augen führen sollten, wie man unser von der öffentlichen Meinung arg gebeuteltes Hobby einem Außenstehenden nahebringen kann.

Und wenn Ihr findet, daß **Das ERSTE** bei diesem Vorhaben eine nützliche Hilfestellung für Euch darstellt, so hat unser Werk auch für Euch seinen Zweck erfüllt.

Und ganz nebenbei wünschen wir natürlich auch Euch viel Spaß beim Lesen und Spielen.

*Das Team von* KRIMSUS KRIMSKRAMS-KISTE

2

# E.R.S.T.E.
### DAS

**Das EinsteigerRollenSpiel – Total Einfach**

von

Ralf Sandfuchs

Illustrationen und Titelbild: Nils Hamm
Umschlaggestaltung: SeBiG@DasVisionomicon.de
Layout: Marcus Wevers

Ein Produkt aus

KRIMSKRAMS
KISTE

# Inhaltsverzeichnis

Überarbeitete und aktualisierte Zweitauflage (korrigierte Fassung)

© by Krimsus Krimskrams-Kiste, September 2002
c/o Mark Sienholz
Barer Str. 65
80799 München
http://www.krimsu.de
info@krimsu.de

Druck: Books on Demand GmbH, Norderstedt

ISBN 3-932932-01-3

# Einführung ins Rollenspiel

Wie man schon draußen auf dem Einband lesen kann, ist **Das ERSTE** ein Rollenspiel. Nun mögen sich einige wohl fragen...

## Ein Rollenspiel... was ist das eigentlich?

Rollenspiele sind eine relativ neue, kommunikative Spielform, bei der sich die Mitspieler in eine Phantasiewelt hineindenken, in der sie die Rolle einer anderen Person übernehmen.

Zwar wird diese Art des Zeitvertreibs häufig mit den therapeutischen und pädagogischen Begriffen von Rollenspiel in Verbindung gebracht, hat aber mit diesen eigentlich eher wenig gemein. In diesen Bereichen stellt das Rollenspiel ein Hilfsmittel zur Vermittlung bestimmter Inhalte oder eine Behandlungsmethode für eine Reihe psychischer Probleme dar, wohingegen das Freizeit-Rollenspiel, mit dem wir uns auf den folgenden Seiten beschäftigen wollen, zwar auf ähnlichen Grundlagen basiert, aber im Grunde genommen nur ein Ziel hat: Spaß.

Ein weiterer häufiger Fehlschluß ist, daß Rollenspiele eine Art Anleitung für Freizeit-Schauspieler darstellen, die ihr eigenes Wohnzimmer zur Bühne machen wollen; zwar mögen manche Spielabende wirklich in diese Richtung gehen, die eigentliche Grundidee des Rollenspiels ist jedoch eine andere.

## Wo kommen Rollenspiele her?

Wie so vieles andere heutzutage stammt auch das Rollenspiel aus den USA.

In den frühen siebziger Jahren entwickelten einige Studenten auf der Basis sogenannter „Wargames" (Regelwerke, nach denen man mit größeren Mengen Zinnfiguren Schlachten ausfechten konnte) ein Spiel-System, mit dem man einzelne Figuren durch eine imaginäre Welt führen konnte. Dieses erste Fantasy-Rollenspiel wurde später unter dem Namen **Dungeons & Dragons** (wörtlich übersetzt „Kerker & Drachen„) veröffentlicht, das auch heute noch, zusammen mit seinem zeitweiligen Nachfolger **AD&D** (**Advanced** [„Fortgeschrittenes„] **D&D**) eins der weltweit meistgespielten Rollenspiele überhaupt ist.

Was den Spielhintergrund anging, so bedienten sich diese ersten Rollenspiele recht freimütig bei J.R.R. Tolkiens *Der Herr der Ringe* – damals ein absolutes Kult-Buch in amerikanischen Studentenkreisen. Spätere Spiele schufen dann jedoch häufig auch eigene Welten, auf denen die Geschehnisse angesiedelt wurden, an denen die Spieler teilhaben konnten. Dennoch, sowohl vom Hintergrund als auch von den Regeln her legten diese ersten Regelwerke für lange Zeit die Grundlagen fest, nach denen Rollenspiele funktionierten.

In Deutschland begann die Geschichte des Rollenspiels (abgesehen von einigen wenigen Insidern, die das

Hobby aus den USA kannten) in der ersten Hälfte der Achtziger Jahre, als mit **Midgard** und **Das Schwarze Auge** die ersten deutschen Eigenentwicklungen auf den Markt kamen und auch **D&D** in einer deutschen Übersetzung veröffentlicht wurde.

Heute kann man auf dem nationalen und internationalen Markt weit über hundert verschiedene Rollenspiele kaufen. Über die Jahre hat sich zudem eine große und begeisterte Fan-Gemeinde um dieses Hobby geschart. Diese Fans organisieren sich häufig in Clubs und Vereinen und veranstalten in Eigenregie Spielertreffen, wo man sich mit Gleichgesinnten zum Spielen und Fachsimpeln zusammensetzen kann. Desweiteren fühlen sich viele dazu berufen, ihre eigenen Ideen und Gedanken in selbstpublizierten Magazinen oder sogar eigenen Rollenspielen veröffentlichen (zu welchen Ergebnissen so etwas führen kann, seht Ihr beispielsweise an dem Heft in Euren Händen).

Es ist immer wieder aufs Neue verblüffend, mit wieviel Elan diese Fans sich um ihr Hobby bemühen.

# Wer spielt überhaupt Rollenspiele?

Es mag für manche Leute überraschend sein, aber den „typischen Rollenspieler" gibt es eigentlich nicht. An einem Spieltisch kann man genausogut Akademiker wie Arbeitslose treffen; über Nebensächlichkeiten wie Beruf oder Ausbildung sieht man dort sowieso hinweg. Alles, was man braucht, um an einem Rollenspiel teilzunehmen, ist eine gesunde Vorstellungskraft. Die „Qualität" eines Rollenspielers, wenn

man überhaupt in solchen Begriffen denken möchte, richtet sich also eher danach, wie sehr er sich in seine Rolle hineindenken kann, als nach irgendwelchen Status-Symbolen. Daß irgendwelche „gesellschaftlichen" Erwägungen in einer Spielrunde unter den Tisch fallen, liegt einfach in der Natur der Sache, denn nur die Rolle im Spiel bestimmt das Verhalten am Spieltisch. Da wird der Yuppie plötzlich zum Bettler, und der Handwerker versucht sich als Adliger.

Beim Rollenspiel haben die Teilnehmer die Möglichkeit, dem Alltagsgeschehen für kurze Zeit zu entfliehen und aufregende Abenteuer in faszinierenden Welten zu erleben, ohne dabei wirklich die eigenen vier Wände hinter sich zu lassen. Man sitzt einfach gemütlich um einen Tisch herum und unternimmt trotzdem in seiner Phantasie all die gefährlichen und aufregenden Dinge, die man sonst nur aus Filmen und Romanen kennt. Und nicht nur das, man kann auch immer wieder in die Handlung eingreifen, zusammen mit den anderen Leuten am Tisch eine ganz eigene Geschichte erleben, ohne von den Ideen eines Autors oder Regisseurs abhängig zu sein. Man wird sozusagen zum Herren seines eigenen Schicksals, und es ist nicht länger irgendein Filmheld, der eine goldene Statue aus einem geheimen Tempel besorgen muß, sondern in gewissem Sinne der Spieler selbst.

# Und wer bin ich dann in diesem Rollenspiel?

Jeder Mitspieler verkörpert eine Gestalt in einer anderen Welt. Er kann sich eine beliebige Spiel-Persönlichkeit erschaffen, die vielleicht all das kann, was er sich schon immer erträumt hat. Egal, ob er als rechtschaffener Streiter für das Gute kämpfen oder an fremden Höfen um die Gunst mächtiger Könige buhlen möchte, im Rollenspiel kann er all diese Dinge tun, wenn er nur die Phantasie aufbringt, sie sich auszumalen.

Natürlich kann man diese phantastischen Welten nicht in eigener Person aufsuchen; man benötigt eine Art Spielfigur, die einem dies ermöglicht. Beim Rollenspiel bezeichnen wir diese imaginäre Person als „Charakter" (auch „Spieler-Charakter" oder abgekürzt SC).

Was für einen Charakter man darstellen kann, hängt dabei nur von den Grenzen ab, die man sich selbst durch die eigene Phantasie setzt, bzw. davon, wie gut ein solcher Charakter zum gewählten Spielhintergrund paßt (wenn man sich beispielsweise im viktorianischen Zeitalter auf die Jagd nach *Jack The Ripper* machen will, wird man dies kaum als Ritter oder Astronaut tun).

Als Spieler überlegt man sich also zunächst, was für eine Art Charakter man spielen möchte, danach legt man dessen Fähigkeiten und Eigenarten genauer fest. Meistens wird man sich wohl auch ausmalen, wie diese imaginäre Person wohl aussieht, wie sie spricht und handelt. Man entwickelt vielleicht sogar eine Hintergrundgeschichte, bis man irgendwann die Augen schließen und sein Alter Ego im Geist vor sich sehen kann.

Dabei sollte man aber darauf achten, daß man einen Charakter erschafft, mit dem man sich auch identifizieren kann. Schließlich soll man sich während des Rollenspiels in die Welt seines Helden hineinversetzen und dieser Phantasie-Gestalt für die Dauer der Spielrunde ein Eigenleben verleihen. Das geht nur dann, wenn man sich selbst in seinem Spieler-Charakter wiederfinden kann.

Im eigentlichen Spiel beschreibt der Spieler dann einfach, was er unternehmen will (oder besser gesagt, was sein anderes Ich in seiner Welt tut), und übernimmt sogar in den Gesprächen am Tisch seine neue Rolle. Je besser er sich dabei in seinen Abenteurer hineinversetzen kann, desto mehr Spaß hat er auch am Spiel.

Ein Charakter ist halt mehr als ein Pöppel, den man auf einem imaginären Spielbrett herumschiebt. Er entwikkelt sich mit der Zeit zu einer echten Persönlichkeit mit eigenen Ideen und Träumen, mit Stärken und Schwächen, die sich auch von den Charakteren der anderen Spieler deutlich unterscheidet. Gerade diese Vielfalt ist es auch, die einen der faszinierendsten Aspekte des Rollenspiels ausmacht.

## Und wie gewinne ich?

Einige werden sich vielleicht schon gefragt haben, wie man bei einem solchen Spiel eigentlich gewinnt. Und die Antwort wird Euch vielleicht verwundern: der „Sieg" ist hier der Spaß am Spiel selbst.

Selbst wenn man eine Geschichte zu Ende gebracht hat, müssen die Abenteuer des Charakters ja noch lange nicht vorbei sein. Gut, man hat die Prinzessin aus den Klauen des Drachen befreit, aber das schuppige Untier selbst ist vielleicht entkommen und hat Rache geschworen.

Aus der einen Geschichte entwikkelt sich somit vielleicht gleich eine neue, und das Spiel kann fortgesetzt werden, solange man Spaß daran hat. Und solange man sich diese Freude am Spiel bewahrt, solange kann man beim Rollenspiel auch nicht verlieren.

Aus diesem Grund muß es am Spieltisch auch nicht zu Konkurrenzdenken und Rivalitäten kommen, denn jeder kann und soll sich und damit auch seinen Charakter ins Spiel einbringen. Gerade das gemeinsame Erlebnis und die gegenseitige Unterstützung der Spieler und Charaktere untereinander machen ein Rollenspiel zu einem besonderen Erlebnis.

Es ist wirklich Spielen um des Spielens willen.

## Gibt's dabei denn auch Regeln?

Wenn man sich bei all dem jedoch wirklich nur auf die eigene Phantasie verließe, gäbe es wohl irgendwann Streit am Spieltisch. Natürlich würde sich jeder seinen Wunsch-Charakter ausmalen, aber wie soll man dann bestimmen, wie stark oder intelligent dieser ist?

Es wäre wohl etwas zu einfach, diese Entscheidung den Spielern zu überlassen, denn dann möchte wohl jeder den stärksten, schönsten, den überhaupt besten Charakter von allen haben. Man benötigt also künstliche, durch festgelegte Regeln meßbare Maßstäbe, nach denen man sich seinen persönlichen Helden erschafft.

Man wird auch immer wieder während des Spiels an einen Punkt kommen, wo sich eine Situation nicht einfach durch Diskussionen oder Gespräche am Spieltisch klären läßt: schafft der Charakter es denn nun, sich an seiner Peitsche über die Grube zu schwingen, oder fällt er in den gähnenden Abgrund?

An dieser Stelle kommen die Regeln ins Spiel.

Für jeden Charakter wird zunächst festgelegt, wie geschickt, stark oder klug er im Verhältnis zu den anderen Charakteren ist; welche Eigenschaften dabei wie festgelegt werden, richtet sich nach dem jeweiligen Regelwerk.

Die Eigenschaften werden innerhalb eines abgesteckten Wertebereichs festgelegt, der verdeutlicht, in welchem Verhältnis die Werte zueinander stehen.

**Das ERSTE** legt beispielsweise Eigenschaften als Werte zwischen 5 und 10 fest. Ein Charakter mit einem *Körper*-Wert von 5 gehört also zu den

6

schwächsten Menschen überhaupt, während *Körper* 10 einen Mann von enormen Kräften beschreibt. Andere Regelwerke legen natürlich andere Zahlenleisten zugrunde.

Je höher ein Wert ist, desto größer ist auch die Chance des Charakters, brachten sechsseitigen Würfel, wie man sie in jedem **Mensch ärgere Dich nicht** findet, sondern zusätzlich noch Vierseiter, Achtseiter, Zehnseiter, Zwanzigseiter und alle möglichen anderen Formen. Aber auch wenn das für einige vielleicht auf den ersten Blick eine unentwirrbare Vielfalt an Würfeln bedeutet, glaubt mir, man gewöhnt sich schnell daran.

Für **Das ERSTE** haben wir uns jedoch auf den bekannten Sechsseiter beschränkt, weil man diesen einfach zuhause aus der Spielesammlung im Schrank klauen kann. Wer sich aber für all die anderen Würfelarten interessiert, der kann sich an eine der Adressen wenden, die wir am Ende dieses Heftes aufgeführt haben; dort bekommt man natürlich auch die ganze Bandbreite an abstrusen Würfelformen.

Die Regeln eines Rollenspiels legen fest, welchen Würfel man bei welcher Gelegenheit einsetzen eine mit der jeweiligen Eigenschaft zusammenhängende Aktion durchzuführen. Um dies während des Spiels zu simulieren, benutzt man einen oder mehrere Würfel.

Dabei dürfte der Neueinsteiger sich wundern, welche absonderlichen Formen von Würfeln es beim Rollenspiel gibt. Es gibt nicht nur die althergebrachten muß. In unserem Spiel wirft man beispielsweise einfach zwei Sechsseiter, wobei die addierte Augenzahl beider Würfel nicht höher als der jeweilige Eigenschaftswert sein darf. Will man beispielsweise wissen, ob der Charakter einen bestimmten Gegenstand heben kann, so wäre diese Eigenschaft *Körper*.

7

Auf die genauen Regeln wollen wir an dieser Stelle jedoch nicht eingehen; das ist die Aufgabe des nächsten Kapitels.

Man sollte jedoch noch erwähnen, daß es beim Rollenspiel nicht unbedingt darum geht, alles auszuwürfeln. Viele Situationen lassen sich auch einfach im Gespräch zwischen den Spielern klären, ohne daß dabei ein Würfel eingesetzt werden muß. Die Regeln und somit auch die Würfel sollten nur dann zum Einsatz kommen, wenn die Spielsituation es verlangt, wenn also das Gelingen oder Mißlingen eines Vorhabens nicht sicher ist. Außerdem sollte man sich nur dann den Regeln zuwenden, wenn von der jeweiligen Aktion wirklich etwas abhängt.

# Wer achtet denn auf die Einhaltung der Regeln?

Nachdem wir nun also wissen, daß während des Spiels vorher festgelegte Regeln und verschiedene Würfel über Erfolg oder Mißerfolg eines Vorhabens entscheiden, stellt sich natürlich die Frage: Wenn es Regeln gibt, wer achtet dann darauf, daß sie auch eingehalten werden?

Zu diesem Zweck (aber nicht nur dafür) gibt es den „Spielleiter". Während sich die anderen Spieler nur um ihre eigenen Charaktere kümmern müssen, hat er eine viel umfassendere Aufgabe.

So muß er beispielsweise darauf achten, daß die Spieler sich an die Regeln halten. Dies gilt nicht nur für die regelgerechte Erschaffung eines Charakters, sondern auch für normale Spielsituationen. Er entscheidet, wie ein bestimmter Sachverhalt nach den Regeln gehandhabt wird, und er legt

fest, wann ein Spieler einen Würfelwurf machen muß. In jedem Fall stellt er die letzte Instanz dar, wenn es darum geht, die Regeln auszulegen; sein Wort ist Gesetz! (Aus diesem Grund sollte er sich im jeweiligen Regelwerk möglichst gut auskennen, mindestens so gut wie seine Mitspieler.)

Seine wichtigste Aufgabe ist es jedoch, den Spielern die Welt nahezubringen, durch die sich ihre Charaktere bewegen. Er beschreibt die Landschaft um sie herum, die Dinge, die sie sehen, und die Personen, auf die sie treffen.

Aus diesem Grund muß ein Spielleiter auch bereit sein, sich ein wenig als Schauspieler zu betätigen. Er muß die Rollen sämtlicher Personen übernehmen, die nicht von den Spielern selbst gespielt werden, aber dennoch im Verlauf eines Abenteuers in Erscheinung treten sollen. Er muß also genauso den hilfreichen Kneipenwirt darstellen wie den machthungrigen Oberbösewicht. Alle Figuren, die durch den Spielleiter dargestellt werden, bezeichnen wir übrigens als „Nicht-Spieler-Charaktere" (oder auch kurz als NSCs).

Als Regisseur der Handlung, in die sich die Spieler mit ihren Charakteren stürzen, erarbeitet er auch im Vorfeld des Spielabends eine Art „Drehbuch", in dem die Grundlagen einer Geschichte und die notwendigen Hintergrundinformationen festgelegt sind. Diese Dinge kann er sich entweder selbst erarbeiten, oder er greift auf ein vorgefertigtes Szenario zurück, das ihm diese Arbeit abnimmt.

Ein solches Abenteuer schildert normalerweise einen möglichen Ablauf bestimmter Ereignisse, in die die Charaktere irgendwann hineingeraten. Der Spielleiter wird eine beliebige Ausgangssituation schildern und dann abwarten, wie seine Spieler und mit ihnen die Charaktere auf die von ihm geschilderte Szene reagieren. Anhand ihrer Reaktionen spinnt er dann sein Garn weiter und berichtet von den nun folgenden Geschehnissen, bis einer der Spieler wieder in den Lauf der Geschichte eingreift (sei dies aus eigenem Antrieb oder weil der Spielleiter ihn dazu auffordert). Aus diesem dauernden Geben und Nehmen entsteht schließlich eine gemeinsame Erzählung, die der Spielleiter und die Spieler zusammen erschaffen.

Spielleiter zu sein ist also bestimmt keine einfache Aufgabe. Man ist Freund und Feind, Regelwächter und Geschichtenerzähler, alles in einer Person. Trotzdem ist es vielleicht die interessanteste Rolle in einem Rollenspiel.

Man könnte sagen, der Spielleiter ist das Tor in eine Welt der Phantasie!

## Aber ist das nicht gefährlich?

Die Medien haben schon des öfteren über das Rollenspiel berichtet, und sie haben immer wieder auf die Gefahren aufmerksam gemacht, die einem unbedarften Menschen angeblich drohen, wenn er sich auf dieses Hobby einläßt.

Da ist von Gewaltverherrlichung und Realitätsflucht die Rede, oder auch von einer deutlichen Tendenz zum Okkultismus.

Unserer Meinung nach rühren diese Beschuldigungen vor allem daher, daß viele Außenstehende nicht wirklich verstehen, wie ein Rollenspiel abläuft.

Für einen wirklichen Fan dieses Hobbys gibt es kaum etwas Schöneres, als sich einen Abend lang einem spannenden, stimmungsvollen Abenteuer hinzugeben. Er möchte sich für einige Stunden in eine fremde Welt begeben, in der er Dinge tun kann, die ihm im wirklichen Leben niemals gelingen könnten.

Es ist wie ein Kino-Besuch, bei dem man einen spannenden Film sehen möchte, nur daß man hier nicht einfach da sitzt und etwas aufnimmt, sondern selbst aktiv wird und die Handlung nach eigenem Geschmack mitgestaltet.

Bedeutet das, daß der Spieler sich von der Realität entfremdet?

Bestimmt nicht. Rollenspiele sind immer noch Spiele, mit Regeln und Würfeln, mit Dingen also, die immer wieder die „Realität" der angeblich so gefährlichen Phantasiewelten unterwandern und sicher verhindern, daß die Spieler den Boden der Tatsachen aus den Augen verlieren. Und auch die alte Sitte, beim Rollenspiel massenweise Cola und Chips zu „vernichten", holt ihn spätestens am Ende einer Flasche bzw. Tüte wieder „brutal" in die Wirklichkeit zurück.

Auch nach mehreren Stunden ist man also noch problemlos in der Lage, zwischen Realität und Spiel zu unterscheiden. Ein Rollenspieler wird also nicht auf dem Heimweg von einem Spielabend plötzlich versuchen, mit einem Schwert herumzufuchteln oder Magie anzuwenden, nur weil er es eben noch im Spiel getan hat.

Man könnte sich angesichts der Friedfertigkeit von Spiele-Veranstaltungen jeder Größenordnung und der vie-len seit Jahren laufenden Spielrunden fast schon fragen, wer an diesem Punkt eher den Kontakt zur Realität verliert: die Rollenspieler oder die Leute, die ihnen immer wieder die Rolle des wirren Psychopathen zuschreiben wollen.

Auch die Macht des Spielleiters ist häufig Gegenstand der Besorgnis. Kann diese zentrale Figur des Rollenspiels seinen Einfluß nicht ausnutzen, um extremistisches oder sonstwie gefährliches Gedankengut in die Hirne seiner Spieler zu „pflanzen"?

Nun, wahrscheinlich könnte er das wirklich, wenn er es geschickt anstellt.

Ein Regelwerk oder Abenteuer ist nur ein künstlerisches Ausdrucksmittel, so wie ein Buch oder ein Film, und wie diese kann man es auch zu vielerlei ideologischen Zwecken benutzen, wenn man möchte. Doch die Schuld an solchen Auswüchsen hat nicht das Medium, sondern die Menschen, die es für ihre Zwecke mißbrauchen. Natürlich wird immer wieder der Ruf nach dem Verbot eines benutzten Mediums laut, aber wird das die gefährlichen Ausnutzer wirklich stoppen? Wenn ihnen eine Methode, ihre Ideen zu verbreiten, genommen wird, so werden sie sich einer anderen bedienen; ihnen geht es nicht um das Rollenspiel oder das Buch oder den Film als Medium, sondern um die Verbreitung ihrer Ideen.

Von daher sollte man sich wohl eher bemühen, diese Menschen und ihre Werke gezielt aus dem Verkehr zu ziehen, als eine größtenteils friedliche Gruppierung mit Vorverurteilungen in die Nähe von Kriminellen zu rükken.

Nebenbei bemerkt, wenn jemand das zweifelhafte Geschick besitzt, andere mit seinen Gedankengängen zu indoktrinieren, warum sollte er dazu ein Medium wie das Rollenspiel wählen, mit dem er immer noch nur einen sehr begrenzten Kreis von Menschen erreichen kann? Andere Medien wären für seine Zwecke wohl wirklich praktikabler.

Trotzdem, liest man nicht immer wieder von diesen Verrückten, die schwarze Messen feiern, mit scharfen Waffen unter dem Mantel herumlaufen oder Lämmerblut in selbstgemalte Pentagramme gießen? Und auch davon, daß dies Rollenspieler waren?

Nun, vielleicht hatten einige dieser bedauernswerten Menschen wirklich schon mit Rollenspielen zu tun. Aber sie hatten bestimmt auch mit anderen Dingen zu tun: mit familiären und sozialen Problemen, vielleicht mit Drogen oder Alkohol, eventuell auch mit irgendwelchen Sektierern. Es kann viele Auslöser für irrationale Handlungen geben. Warum also muß immer die eine Sache die Schuld tragen, die wegen ihrer bunten Cover am ehesten auffällt und einem Außenstehenden unverständlich oder seltsam erscheint?

Viele Jahre Erfahrung mit Rollenspielen haben gezeigt, daß eigentlich niemand durch dieses Hobby in emotionale Probleme gerät. Bei vielen Menschen, die scheu und kontaktarm waren, kann man sogar das Gegenteil beobachten: sie tauen auf, werden mit der Zeit gesprächiger, haben plötzlich etwas gefunden, über das sie frei und ungezwungen reden können. Sie lernen sich auszudrücken und ihre Gedanken zu formulieren, eine Fähigkeit,

die ihnen auch in vielen anderen Bereichen helfen wird. Möchte wirklich jemand eine solche Entwicklung verurteilen?

## Warum spielen wir überhaupt?

Auf der anderen Seite, wir wollen nicht so tun, als seien Rollenspieler die großen Wohltäter der Gesellschaft. Wir spielen nicht aus sozialem Bewußtsein oder um die Welt zu verbessern. Wir setzen uns zusammen, weil es uns Spaß macht, weil uns dieses Hobby die Möglichkeit bietet, unsere Kreativität und Phantasie zusammen mit anderen auszuleben.

Aber wir haben es zugegebenermaßen auch satt, immer wieder zum Buhmann verschiedener Interessegruppen sowohl staatlicher als auch religiöser Natur zu werden oder von blutgierigen Möchtegern-Reportern zum Stopfen des Sommerlochs benutzt zu werden.

Auch **darum** haben wir von KRIMSUS KRIMSKRAMS-KISTE **Das ERSTE** herausgegeben.

Vielleicht kommen einige von Euch nach der Lektüre auf den Geschmack, es mal mit dem Rollenspiel zu probieren. Vielleicht auch nicht. Uns kam es jedoch vor allem darauf an, zu verdeutlichen, was wir an unserem Hobby schätzen.

Und vielleicht ist es uns ja auch gelungen, daß Ihr den seltsamen Leuten, die sich am Montag morgen im Zug darüber unterhalten, wie sie am Wochenende den Drachen besiegt haben, ein wenig mehr Verständnis entgegen bringt.

Diese Leute sind nicht verrückt; sie haben vielleicht einfach nur ein ereignisreiches Wochenende hinter sich.

# Regelwerk

Auf den folgenden Seiten wollen wir eine Reihe von Spielregeln aufstellen, mit denen man sich in sein erstes Abenteuer hinein wagen kann. Keine Angst, man muß nicht allzuviel lernen, um **Das ERSTE** zu spielen, und wir denken, diese wenigen Regeln sind einfach und verständlich.

Wenn im Folgenden von den Werten der Charaktere gesprochen wird, so findet Ihr diese übrigens auf den im Anschluß an diese Regeln abgedruckten Charakterbögen wieder (wer möchte, kann einen dieser Bögen jetzt zur Hand nehmen).

## Eigenschaften

Ein Charakter für **Das ERSTE** besitzt vier grundlegende Eigenschaften, die seine Fähigkeiten festlegen.

- *Körper* steht für seine Stärke, seine Ausdauer, sein Leistungsvermögen; halt alles, was mit der körperlichen Seite des Charakters zu tun hat.

- *Geschick* legt fest, welchen Grad an Gewandtheit und Fingerfertigkeit der Charakter besitzt.

- *Geist* steht stellvertretend für den mentalen Horizont und die Wahrnehmungsfähigkeit des Charak-

ters. Was weiß er? Wieviel versteht er? Und wie schnell begreift er etwas?

- *Ausstrahlung* zeigt an, wie gut sich der Charakter bei sozialen Anlässen verhält, regelt aber auch Dinge wie persönliches Auftreten und die Anziehungskraft auf das andere Geschlecht.

Jede dieser Eigenschaften hat einen Wert zwischen 5 und 10.

Je höher der Wert einer Eigenschaft ist, desto besser ist der Charakter in diesem Bereich.

Eine 5 stellt dabei den niedrigsten Wert dar, den ein gesunder Mensch normalerweise haben kann, während eine 10 nur von Menschen mit viel Training und einer natürlichen Begabung für den jeweiligen Bereich erreicht werden kann.

Sollte einer der vorgegebenen Charaktere im Spiel umkommen (wie das passieren kann, steht weiter unten), so kann man die Werte eines neuen Charakters einfach bestimmen, indem man für jede Eigenschaft mit einem sechsseitigen Würfel würfelt und jeweils vier Punkte dazu addiert, was ebenfalls einen Wert zwischen 5 und 10 ergibt.

# Eigenschafts-Proben

Wann immer man im Rahmen des Spiels an einen Punkt kommt, wo es nicht mehr eindeutig ist, ob eine bestimmte Aktion gelingt oder nicht, kann der Spielleiter sogenannte *Eigenschafts-Proben* verlangen.

Benutzt wird dazu die Eigenschaft, die am ehesten zu der jeweiligen Aktion paßt (zum Beispiel *Körper*, um einen Kameraden an einem Seil hochzuziehen, oder *Geschick*, um ein Türschloß zu öffnen).

Um eine solche Probe zu machen, wirft der Spieler zwei sechsseitige Würfel. Die Summe der Augen darf dabei nicht über dem jeweiligen Eigenschaftswert des Charakters liegen.

---

### Beispiel

Der Charakter will eine nasse, schlüpfrige Mauer hinaufklettern. Der Spielleiter verlangt eine *Geschick*-Probe. Der Charakter hat einen *Geschick*-Wert von 8. Würfelt der Spieler mit zwei Würfeln also eine 8 oder weniger, so steht er gleich oben auf der Mauer. Würfelt er hingegen eine 9 oder mehr, so sitzt er einen Moment später wieder auf dem Boden.

# Verdeckte Proben

In bestimmten Fällen kann eine Eigenschafts-Probe auch vom Spielleiter selbst gemacht werden, nämlich dann, wenn er nicht möchte, daß der Spieler sofort erfährt, ob die Probe gelungen ist oder nicht.

In diesem Fall wird der Spielleiter mit zwei Würfeln versuchen, unter dem jeweiligen Eigenschafts-Wert des Charakters zu bleiben, aber den Wurf hinter einem Sichtschutz machen (zum Beispiel einem vorher aufgestellten Pappdeckel). So weiß der Spieler nicht genau, ob die Probe gelungen ist oder nicht.

---

### Beispiel

Wenn ein Charakter ein Schild lesen will, das in einer fremden Sprache geschrieben ist, wird der Spielleiter für ihn eine verdeckte *Geist*-Probe machen. Gelingt der Wurf, versteht der Charakter, was auf dem Schild steht. Geht der Wurf jedoch daneben, kann der Spielleiter selbst entscheiden, ob der Charakter nichts versteht oder der Meinung ist, etwas ganz anderes gelesen und verstanden zu haben (der Spieler sollte im letzteren Fall aber auf jeden Fall der Meinung sein, er habe alles richtig verstanden).

# Konkurrenz-Proben

Wenn zwei Charaktere bei einer Aktion gegeneinander antreten, machen sie eine sogenannte *Konkurrenz-Probe*.

Dabei machen beide die gleiche Probe, und derjenige, dessen Ergebnis weiter unter seinem Eigenschafts-Wert liegt, gewinnt die Konkurrenz-Probe.

---

**Beispiel**

Zwei Männer wollen gegeneinander armdrücken; beide machen dazu eine *Körper*-Probe. Charakter A würfelt bei einem *Körper*-Wert von 9 eine 7, Charakter B bei *Körper* 6 eine 2. Charakter B drückt den Arm seines Gegners auf den Tisch, denn er hat 4 unter seinen *Körper*-Wert gewürfelt, Charakter A nur 2 darunter.

---

## Fertigkeiten

Jeder Charakter hat bestimmte Fähigkeiten, die ihn besonders auszeichnen; in den Regeln für **Das ERSTE** wird dies durch sogenannte *Fertigkeiten* ausgedrückt.

Jeder Charakter hat drei solche Fertigkeiten.

Wenn er während eines Abenteuers in eine Situation kommt, in der er eine dieser Fertigkeiten einsetzen kann, so gelingt ihm die jeweilige Aktion automatisch.

---

**Beispiel**

Wenn die Charaktere einen reißenden Fluß durchschwimmen sollen, würde das normalerweise eine *Körper*-Probe erfordern; wenn der Charakter die Fertigkeit *Schwimmen* besitzt, kommt er auf jeden Fall wohlbehalten auf der anderen Seite an, ohne gewürfelt zu haben.

---

Beispiele für typische Fertigkeiten stehen auf den verschiedenen Charakterbögen. Wenn man einen verstorbenen Charakter ersetzen muß, so könnte man ihm beispielsweise einige der folgenden Fertigkeiten geben:

- *Akrobatik* (Flickflacks, Salti und ähnliche Dinge gehören zu diesem Charakter einfach dazu)
- *Balancieren* (ein Seiltänzer würde ohne diese Fertigkeit sicherlich von seinem Hochseil fallen)
- *Feuer machen* (wenn das richtige Brennmaterial vorhanden ist, kann der Charakter dieses auch ohne weitere Hilfsmittel irgendwie in Brand setzen)
- *Geschmackssinn* (der Charakter kann erkennen, woraus eine bestimmte Speise bereitet wurde)
- *Schneiderei* (Dein Kamerad hat sein Wams zerrissen? Kein Problem, Du machst das schon!)

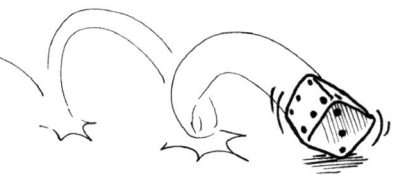

Bei neuerschaffenen Charakteren entscheidet der Spielleiter darüber, welche Fertigkeiten dieser haben darf und welche nicht.

Er sollte auf keinen Fall Fertigkeiten erlauben, die dem Charakter automatische Erfolge im Kampf schenken. Genauso sollte er darauf achten, daß die Fertigkeit eine möglicherweise spannende Spielsituation nicht langweilig werden läßt (ein Dieb, der die Fertigkeit *Verstecken* hat, ist im Spiel nicht sonderlich interessant, da er wohl nie erwischt werden würde).

Auch sollte die Fertigkeit zu dem jeweiligen Charakter und seinen Eigenschaften passen (ein Tolpatsch mit Geschick 5 sollte eigentlich nicht die Fertigkeit Akrobatik besitzen, oder?).

# Kampf

In einem Rollenspiel kann es immer dazu kommen, daß Argumente nicht länger ausreichen und es zu aggressiven Handlungen kommt. Auch solche Aspekte des Spielgeschehens müssen natürlich von einem Regelwerk abgedeckt werden.

* **Angriffsreihenfolge**
  Wenn es zu einem Kampf kommt, so handeln die beteiligten Charaktere in absteigender Reihenfolge ihrer Geschick-Werte (der mit dem höchsten Wert zuerst, dann der mit dem zweithöchsten usw.). Charaktere mit gleichem Geschick-Wert handeln gleichzeitig.
* **Nahkampf-Angriff**
  Wenn ein Angreifer einen direkten Schlag führen will (also mit der Faust oder einer Nahkampfwaffe [Dolch, Schwert usw.] zuschlagen), so macht er eine Stärke-Probe; gelingt diese, so ist sein Angriff gelungen.

* **Fernkampf-Angriff**
  Will der Angreifer jedoch etwas werfen oder eine Fernkampfwaffe [Schleuder, Bogen usw.] einsetzen, so muß ihm eine Geschick-Probe gelingen, um seinen Gegner zu treffen.
* **Ausweichen**
  Nach einem gelungenen Angriff steht dem Gegner eine Geschick-Probe zu; gelingt ihm diese, so konnte er dem Angriff ausweichen.
* **Verwundung**
  Wenn der Angriff erfolgreich abgeschlossen wird (der Getroffene also nicht ausweichen kann), so wird er verwundet.
  Ein Angriff mit der Faust bzw. ein geworfener Stein dieser Größe richten dabei einen Punkt Schaden an; diese Werte gelten als Basis für die Bestimmung von Schadenswirkungen.
  Waffen erhöhen den Schaden, der durch eine Verletzung entsteht, um seinen sogenannten Bonus. Ein Dolch hat beispielsweise einen Bonus von +1 (er richtet also 2 Punkte Schaden an).
  Diese Schadenspunkte werden entweder vom Körper- oder vom Geschick-Wert des Getroffenen abgezogen (der Getroffene entscheidet selbst darüber, von welcher Eigenschaft wieviel des angerichteten Schadens abgezogen wird).
  Einige Beispiele für mögliche Waffenwirkungen könnt Ihr den Charakterbögen entnehmen; ein neu erschaffener Charakter sollte in etwa gleichwertige Waffen bekommen.

# Rüstungen

Normale Kleidung hat keine besondere Wirkung in einem Kampf; es gibt jedoch Rüstungen, die den angerichteten Schaden vermindern.

Der Schutzfaktor der Rüstung wird dabei von dem angerichteten Schaden abgezogen. Ein Charakter mit einem Lederpanzer (Schutzfaktor 1) kann also beispielsweise nicht durch einen Fausthieb verletzt werden, da der angerichtete Schaden von 1 durch den Schutzfaktor der Rüstung wieder aufgehoben wird; ein Dolch mit einem Bonus von +1 richtet bei diesem Charakter nur noch einen Punkt Schaden an.

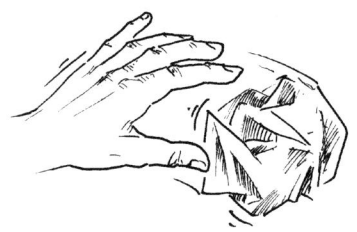

## Bewußtlosigkeit und Tod

Wenn durch den angerichteten Schaden eine der beiden Eigenschaften *Körper* und *Geschick* den Wert Null erreicht, wird der Charakter bewußtlos.

Jeder weitere Schaden wird danach vom Wert der anderen Eigenschaft abgezogen.

Ein bewußtloser Charakter kann nicht mehr ausweichen und wird von jedem Angriff getroffen.

Wenn beide Eigenschaften auf Null sinken, ist der Charakter tot und wird aus dem Spiel genommen. Der Spieler kann sich jedoch, nachdem er seinen alten Charakterbogen zerknüllt und weggeworfen hat (oder ihn meinetwegen auch eingerahmt und an die Wand gehängt hat), eine neue Spielfigur erschaffen, die dann vom Spielleiter ins Spiel gebracht wird, sobald sich eine Gelegenheit ergibt.

Der neue Charakter könnte seinen Fast-schon-Kumpanen beispielsweise

auf der Straße begegnen und sie um eine milde Gabe bitten oder ihnen Hilfe anbieten; der Phantasie des Spielleiters sind hier keine Grenzen gesetzt.

## Heilung

Ein bewußtloser Charakter wacht nach zehn Minuten in der Spielwelt wieder auf (der Spielleiter entscheidet, wann es in der Realität soweit ist); der Wert, der auf Null gesunken war, wird zu diesem Zeitpunkt wieder auf 1 gesetzt.

Danach kann sich der Spieler für jeweils sechs Stunden, die in der Spielwelt vergehen (auch hier teilt der Spielleiter ihm mit, wann es soweit ist), einen Punkt auf einen beliebigen reduzierten Eigenschafts-Wert aufschlagen, bis der ursprüngliche Wert wieder erreicht ist.

Wenn ein anderer Charakter Erste Hilfe leisten will und ihm dann auch noch eine *Geschick*-Probe gelingt, so gewinnt der Verwundete zwei statt einen Punkt zurück, die er beliebig auf die reduzierten Eigenschaftswerte aufschlagen kann; eine solche Probe kann für jede Periode von sechs Stunden in der Spielwelt wiederholt werden.

## Die wichtigste Regel von allen

Dies sind alle Regeln, die man für **Das ERSTE** benötigt.

Sie sind jedoch nichts weiter als Vorschläge, und wenn Ihr im Spiel bemerkt, daß Ihr mit einer Regel nicht klar kommt, dann ändert sie einfach.

Denkt immer daran: nur weil wir die Regeln für **Das ERSTE** so geschrieben haben, wie sie hier vorliegen, müßt Ihr noch lange nicht so damit spielen.

*Dies ist jetzt Euer Spiel!*
*Macht damit, was Ihr wollt!*

# Die Charaktere

An dieser Stelle möchten wir Euch fünf Charaktere präsentieren, mit denen Ihr das in diesem Band enthaltene Abenteuer *Der Baum des Lebens* angehen könnt. Sie alle sind Bewohner des kleinen Örtchens Hügelsruh, in dem unsere Geschichte ihren Anfang nimmt.

Für den Fall, daß Euch keiner der hier geschilderten Charaktere zusagt, steht Euch natürlich immer noch die Möglichkeit offen, einen eigenen Charakter zu erschaffen (das *Regelwerk* erklärt, wie dies geht, und die noch folgenden *Tips für Spieler* helfen Euch dann dabei, Euren Charakter spielbereit zu machen).

## Adrian Hermann

```
Körper        :  9
Geschick      :  6
Geist         :  7
Ausstrahlung  :  8

Fertigkeiten:
   1. Pflanzenwissen
   2. Wetter erkennen
   3. Bodenqualität erkennen

Waffe : Dolch (+1)

Rüstungsschutz : 0
```

Adrian ist ein Obstbauer aus dem kleinen Bergdorf Hügelsruh. Er ist hochgewachsen und recht muskulös.

Er kümmert sich liebevoll um seine Obstbäume, stellen sie doch sein Auskommen dar, mit dem er nicht nur sich, sondern auch seine Frau Rita und seine beiden kleinen Kinder Tanja und Robert unterhalten muß.

Seine sympathische und zuvorkommende Art hat ihn zu einem der beliebtesten Männer des Dorfes gemacht, der auch immer wieder bereit ist, Freunden und Nachbarn aus der Patsche zu helfen.

Er kennt sich hervorragend mit Pflanzen aus (besonders mit Obstbäumen) und vermag anhand verschiedenster Anzeichen recht genau das Wetter in den nächsten Stunden zu bestimmen. Außerdem hat er ein scheinbar untrügliches Gespür für die Qualität eines Bodens, kann beispielsweise erkennen, ob dieser sich für eine Bepflanzung eignet.

# Martin Federsen

Körper          :   7
Geschick        :   6
Geist           :   9
Ausstrahlung :   8

Fertigkeiten:
   1. Lesen und Schreiben
   2. Bürokratie
   3. Etikette

Waffe : Wanderstock (+1)

Rüstungsschutz : 0

Martin ist der Dorfschreiber, der mit seiner Arbeit nicht nur zufrieden ist, sondern sogar darin aufgeht. Er ist klein und unscheinbar. Auf der Nase trägt er einen Zwikker mit zwei geschliffenen Kristallen, der ihm ein wenig hilft, seine schwachen Augen auszugleichen.

   Zwar hat er nicht viele Freunde, wird aber wegen seiner Arbeit für das Dorf trotzdem allseits geschätzt. Wegen seiner Anstellung blieb ihm jedoch nie genug Zeit, um selbst eine Familie zu gründen.

   Er gehört zu den wenigen Bewohnern des Ortes, für die Buchstaben mehr sind als ein paar schwarze Flecke auf einem Stück Papier. Außerdem kennt er sich in der Welt der Bürokratie aus und weiß sich auch in besserer Gesellschaft so zu verhalten, daß er sich und seinen Arbeitgeber nicht blamiert.

## Spielernotizen:

_____

_____

_____

_____

_____

_____

_____

_____

_____

_____

# Michael Schütz

Körper : 8
Geschick : 9
Geist : 7
Ausstrahlung : 6

Fertigkeiten:
1. Tierkunde
2. Spurenlesen im Wald
3. Pfeil und Bogen anfertigen

Waffe : Bogen (+2), Schwert (+3)

Rüstungsschutz : 1 (Lederwams)

Michael ist Jäger aus Berufung, und er erfüllt seine Aufgabe mit großer Begeisterung. Er ist ein schlanker, drahtiger Mann mit sonnengegerbter Haut.

Er hat etwas von einem Eigenbrötler, der vor den Menschen in den Wald geflohen ist. Er ist davon überzeugt, daß er erkennen kann, ob ein Tier bald sterben wird, und jagt es nur dann.

Ob man ihm das aber nun glaubt oder nicht, er weiß auf jeden Fall Bescheid über die Tiere des Waldes und ihre Eigenarten. Auch hat er gelernt, ihren Spuren quer durch den Wald zu folgen, wenn auch seine Fähigkeiten außerhalb dieses Gebietes eher durchschnittlich sind. Darüber hinaus ist er ein überaus begabter Bogen-Macher, der sich seine Jagdwaffen jederzeit allein herstellen kann.

## Spielernotizen:

# Stephan Jankow

Körper       :   9
Geschick    :   6
Geist         :   7
Ausstrahlung :   8

Fertigkeiten:
    1. Wein keltern
    2. Bier brauen
    3. Menschenkenntnis

Waffe : Eisen-Knüppel (+2)

Rüstungsschutz : 0

Stephan ist der Schankwirt des Hügelsruher Gasthofes. Er ist ein untersetzter, jovialer Mann, dessen Gesicht stets von einem Grinsen durchzogen zu sein scheint.

Zusammen mit seiner Frau Martha (ihre Ehe ist leider kinderlos geblieben) führt er die Wirtschaft, wie es ihn sein Vater gelehrt hat. Von ihm hat er sowohl das Bierbrauen als auch das Weinkeltern gelernt, und er hofft, daß er bald jemanden findet, dem er die Spezialrezepte seines Vaters weitervererben kann.

Er hat in vielen Jahren hinter dem Tresen eine scheinbar untrügliche Menschenkenntnis entwickelt, die ihn meistens schnell erahnen läßt, was er von einem bestimmten Menschen zu halten hat.

## Spielernotizen:

_____

_____

_____

_____

_____

_____

_____

_____

_____

_____

_____

# Dragana Weiland

Körper      :   6
Geschick   :   7
Geist        :   8
Ausstrahlung :   9

Fertigkeiten:
    1. Kräuterkunde
    2. Wunden heilen
    3. Schwimmen

Waffe : keine (siehe unten)

Rüstungsschutz: 1
(Wattierter Schutzmantel)

Dragana ist die Kräuterfrau und Heilkundige des Dorfes. Nachdem sie die Geheimnisse der Heilkunst von ihrer Großmutter erlernt hatte, verschrieb sie sich ganz und gar dieser Lehre; sie weigerte sich fortan, eine Waffe zu führen oder gar einen Menschen zu verletzen.

Sie ist jedoch so auf diesen Teil ihres Lebens fixiert, daß sie keinen Platz mehr für ein Privatleben sieht. Trotzdem muß sich die gutaussehende junge Frau ständig irgendwelcher Annäherungsversuche erwehren. Nur der Eine, der Richtige, der sie wirklich für sich gewinnen könnte, der war noch nicht dabei.

Manchmal wachsen ihr jedoch die Verantwortung und die Einsamkeit ihrer Berufung über den Kopf, und in diesen Momenten sucht sie dann die Einsamkeit eines ruhigen Bergsees und schwimmt sich alle Anspannung von der Seele.

## Spielernotizen:

_____

_____

_____

_____

_____

_____

_____

_____

_____

# Tips für Spieler

Gut, Ihr habt jetzt also Eure Charaktere ausgewählt und Euch wahrscheinlich auch die Regeln zu Gemüte geführt. Und trotzdem fragt Ihr Euch vielleicht noch, wie Ihr aus diesem Zettel mit ein paar Zahlen darauf so etwas wie einen „Charakter" erschaffen sollt.

Wir möchten Euch noch einige Tips geben, die Euch hoffentlich dabei helfen – und keine Sorge, liebe Spielleiter, für Euch haben wir im anschließenden Abenteuer auch noch einige Ratschläge.

## Euer Charakter

Das Wichtigste überhaupt ist, daß Ihr Euch ein Bild von Eurem Charakter macht. Dies ist durchaus nicht nur optisch gemeint, sondern bezieht sich auf alle seine Eigenarten.

Überlegt Euch, was den Charakter ausmacht. Welche Ziele hat er im Leben? Was tut er in seiner Freizeit? Was gefällt ihm an einem Menschen, was mißfällt ihm?

Dabei solltet Ihr auch auf Eure Eigenschaftswerte und Fertigkeiten

achten. Die reinen Spielwerte sind natürlich nicht alles, aber sie können Euch auch helfen, ein besseres Bild von Eurem Charakter zu bekommen.

Ein Charakter mit *Geist* 6 ist von eher einfachem Gemüt, und selbst wenn sein Spieler die Intelligenzbestie der Gruppe ist, so darf sein Charakter diese Eigenschaft nicht widerspiegeln. Andererseits sollte ein Charakter mit *Körper* 5 sich nicht blamieren, indem er versucht, einen muskulösen Gegner mit markigen Sprüchen einzuschüchtern; bei seinem Körperbau würde das doch eher lächerlich wirken.

Eigenschaften und Fertigkeiten deuten außerdem auf bestimmte Vorlieben hin. Ein Charakter mit der Fertigkeit *Pfeil und Bogen anfertigen* bekommt diese nicht einfach aus heiterem Himmel; er wird sich vielleicht immer wieder mal mit einem kleinen Schnitzmesser und einem geeigneten Ast irgendwo hinsetzen, um in Übung zu bleiben. Ebenso wird ein Charakter mit hohem *Geschick*-Wert hin und wieder nach Möglichkeiten suchen, um zu trainieren (egal, ob er dafür mit Messern jongliert oder Berge und Bäume erklettert).

Jeder Charakter wird auch versuchen, Probleme unter Anwendung seiner persönlichen Stärken anzugehen und zu lösen (wer also bei einem *Geschick*-Wert von 6 jede noch so steile Felswand erklimmen will, der sollte sich wohl überlegen, ob dieser Charakter wirklich für ihn geeignet ist).

Wenn Ihr Euch nicht sicher seid, wie Ihr Euer spielerisches *Alter Ego* beschreiben könntet, lest Euch die Texte zu den geschilderten Bewohnern von Hügelruh durch; vielleicht geben diese Euch einige Anregungen, wie Euer eigener Hintergrund aussehen könnte. Eventuell könnt Ihr Euch ja auch mit einem dieser Hintergründe

soweit anfreunden, daß Ihr ihn zu Eurem eigenen macht; ansonsten könnt Ihr diese Texte auch einfach ignorieren und ein ganz persönliches Bild Eures jeweiligen Charakters entwerfen. Da die anderen Spieler Euren Charakters nur anhand Eures Verhaltens am Spieltisch kennenlernen, wird niemand den Unterschied bemerken.

## Die anderen

Wenn der Spieler festgelegt hat, welche Ansichten sein Charakter vertritt, sollte er sich noch Gedanken dazu machen, wie er zu den anderen Mitgliedern der Gruppe steht. Dabei sollten wir betonen, daß durchaus nicht immer alle Charaktere gut Freund miteinander sein müssen; einige kleinere Reibereien und andere Spannungen zwischen ihnen können einen Spielabend durchaus interessant gestalten.

Wenn ein Charakter beispielsweise etwas gegen „dumme Muskelprotze" hat, wird er einem anderen Charakter mit hohem *Körper*-Wert vielleicht etwas reserviert gegenüber treten; es könnte sein, daß er von diesem erst einmal „Beweise" für seinen Nutzen erwartet.

Oder was passiert, wenn sich ein männlicher Charakter in einen weiblichen Charakter verliebt? Egal, ob sie ihn erhört oder abblitzen läßt, eine solche Situation kann einem Spielabend eine ganz besondere Würze geben.

Wohlgemerkt, all diese Konflikte und Spannungen können sich zwischen den **Charakteren** ereignen, dürfen aber niemals zwischen den **Spielern** geschehen! Wenn Ihr am Tisch plötzlich anfangt, miteinander zu streiten, läuft etwas mächtig falsch, und Ihr solltet rasch klären, wo das Problem liegt. Solche Streitereien nehmen im

Endeffekt allen die Spielfreude. Nur, weil einer der Charaktere sich mit einem anderen streitet, müssen die Spieler das noch lange nicht tun. Schließlich wollt Ihr doch alle miteinander Spaß haben, oder?

## Bleibt Euch selbst treu!

Ihr solltet nun an einem Punkt angekommen sein, an dem Ihr Euch klar gemacht habt, was Euren Charakter wirklich ausmacht.

Jetzt gilt es, dieses Wissen auch anzuwenden, und zwar sowohl im positiven wie auch im negativen Sinne.

Viele Spieler tendieren dazu, die Eigenarten ihres Charakters immer dann zu vergessen, wenn sie ihnen gerade nicht in den Kram passen. Nun, wenn Ihr Euch schon einen Hintergrund überlegt, dann solltet Ihr auch so fair sein, ihn durchzuhalten.

Wenn Ihr Euch also beispielsweise für einen Charakter mit *Ausstrahlung* 6

entscheidet, dann solltet Ihr nicht plötzlich mit dem Charme eines wildgewordenen Don Juan handeln, bloß, weil Ihr im Spiel gerade eine Dame von Euch überzeugen wollt.

Außerdem solltet Ihr darauf achten, daß Ihr auch im Zusammenspiel der Charaktere dem von Euch geschaffenen Bild treu bleibt. Wenn wir beispielsweise die fünf vorgegebenen Charaktere betrachten, so würde Dragana bestimmt nicht mit einem Mit-Abenteurer engeren Kontakt pflegen, der während des Abenteuers absichtlich einen Menschen tötet.

Wichtig ist aber auch, daß kein Spieler versuchen sollte, die Runde komplett an sich zu reißen und seine Vorstellungen ohne Rücksicht auf die anderen Spieler zu verwirklichen. Es gehört auch zu den Aufgaben des Spielleiters, solche Eskalationen zu verhindern. Wenn der „Chef" Euch also zur Ordnung ruft, dann schaltet bei aller Charaktertreue auch ruhig mal einen oder zwei Gänge zurück.

## Und los geht's!

An dieser Stelle solltet Ihr Euch eigentlich genügend mit Euren Charakteren „angefreundet" haben, so daß wir ins Spiel starten können.

Ab jetzt solltet Ihr Euch einfach auf Euer Gefühl verlassen und Euch von der Handlung, den Aktionen der anderen Charaktere und natürlich den Beschreibungen des Spielleiters treiben lassen.

Und jetzt soll uns nichts mehr aufhalten, in Euer erstes Abenteuer einzusteigen: *Der Baum des Lebens.*

Viel Spaß dabei!

# Der Baum des Lebens

Der Baum des Lebens ist ein Abenteuer, das zum Spiel nach den Regeln für **Das ERSTE** geschrieben wurde. Es kann aber auch ohne Probleme für andere Regelsysteme umgeschrieben werden.

Dieses Szenario ist als Einführungsabenteuer für Neueinsteiger konzipiert; es soll ihnen ermöglichen, möglichst einfach den Weg ins Rollenspiel zu finden, und dabei auch noch eine (hoffentlich) interessante Geschichte erzählen.

Wer als Spieler an diesem Abenteuer teilnehmen möchte, sollte jetzt natürlich nicht weiterlesen; sonst kennt er die Geschichte schon und langweilt sich beim eigentlichen Spiel.

Der Baum des Lebens spielt in einem quasi-mittelalterlichen Zeitalter, dessen Hintergrund jedoch nicht näher erläutert wird. Bei Bedarf kann der Spielleiter hier noch beliebig viele Details hinzufügen, um das Bild der Umgebung stimmiger zu machen (er hat dabei natürlich auch die Gelegenheit, eigene Ideen über die Geschichte die-

ses Landstriches, die Lebensweise der Menschen in dieser Gegend oder die Herrschaftsverhältnisse im weiteren Umfeld einzuflechten).

Auf jeden Fall sollten die vorhandenen Beschreibungen aber ausreichen, um den Charakteren ein Gefühl für ihre Umgebung zu vermitteln; der Rest läuft dann sowieso in ihren Köpfen ab.

## Vorbereitung des Abenteuers

Der Spielleiter sollte sich das Abenteuer komplett durchlesen, bevor er es leitet. Dadurch lernt er den Ablauf der Handlung kennen und kann sich mit den Eigenarten der auftauchenden Personen vertraut machen.

Wenn ihm dabei besondere Ideen kommen, wie er bestimmte Szenen darstellen oder mit welchen Hilfsmitteln er sie seinen Spielern näherbringen möchte, so sollte er diese Dinge auf einem separaten Blatt notieren, damit er sie bis zur eigentlichen Spielrunde nicht vergißt.

Es kann auch hilfreich sein, sich kurze Notizen über die beteiligten Personen und die verschiedenen Schauplätze der Handlung zu machen, um unnötiges Blättern während des Spiels zu vermeiden.

Ob der Spielleiter sich aber diese Arbeit wirklich macht oder nicht, hängt im Endeffekt nur von ihm selbst ab. Wichtig ist lediglich, daß er sich nach seiner Vorbereitung sicher genug fühlt, um sich auf das Abenteuer des Spielleitens einzulassen. Darum sollte er auch zumindest eine ungefähre Vorstellung davon haben, wie das Spiel ablaufen könnte.

Das Abenteuer sollte, wenn möglich, mit den beigefügten Charakteren gespielt werden. Jeder Spieler erhält einen der Charakterbögen und macht sich vor dem Spiel mit dieser Person, ihrem Hintergrund und ihren Spielwerten vertraut. Unklarheiten können natürlich noch im Gespräch mit dem Spielleiter geklärt werden.

Übrigens: wenn Ihr weniger als fünf Spieler habt, ist das auch kein Problem; in diesem Fall laßt Ihr einfach einen oder zwei der Charaktere weg (am ehesten den Stadtschreiber oder den Wirt, die vor allem hinzugefügt wurden, um eine gewisse Vielfalt an Charakteren zu erzielen). Weniger als drei Charaktere sollten es jedoch nicht werden.

Noch ein paar Hinweise für den Spielleiter:

*Kursiv gedruckte Passagen sind so geschrieben, daß sie den Spielern direkt vorgelesen werden können; wenn der Spielleiter sich jedoch sicher genug fühlt, sollte er ruhig von diesen starren Vorgaben abweichen und den Inhalt dieser Absätze in seinen eigenen Worten wiedergeben.*

In einer Box stehende Texte stellen weitergehende Hinweise für den Spielleiter dar. Gerade für einen

## Eine Anmerkung zum Thema Geschlecht:

Vier der fünf vorgegebenen Spieler-Charaktere sind männlich.

Damit soll natürlich keineswegs der Eindruck erweckt werden, als seien Männer im Rollenspiel wichtiger als Frauen.

Es ist jedoch eine (bedauerliche) Tatsache, daß erheblich mehr Männer als Frauen den Weg in dieses Hobby finden, und da es den meisten Spielern leichter fällt, sich mit dem eigenen Geschlecht zu identifizieren, haben wir uns nach langem Überlegen für einen „Männer-Überhang" entschieden.

Darüber hinaus war das Mittelalter (in dem dieses Abenteuer spielt) eine eindeutig von Männern dominierte Ära. Frauen, die sich aus ihrem heimischen Umfeld herauswagten, hatten mit allerlei Anfeindungen zu rechnen. Auch aus diesem Grund sind gerade für Einsteiger männliche Charaktere (die ohne diese Probleme leben können) leichter zu spielen.

Für einen erfahreneren oder besonders mutigen Spieler könnte es natürlich auch eine besondere Herausforderung sein, trotz (oder gerade wegen?) dieser widrigen Umstände die Rolle einer Frau zu übernehmen.

Für den Fall der Fälle können alle Charaktere aber auch ohne besondere Probleme in das jeweils andere Geschlecht „verwandelt" werden; selbst die Namen wurden so gewählt, daß sie einfach umzuändern sind.

## Vorgeschichte

Dieser Absatz sollte den Spielern zur Einstimmung auf das Abenteuer vorgelesen werden, nachdem sie sich mit ihren Charakteren und deren regeltechnischer Umsetzung vertraut gemacht haben.

*Hügelsruh ist ein kleines, fast schon unscheinbares Dorf, irgendwo in der Einsamkeit der Berge.*

*Wahrscheinlich würde niemand dieses eher unwichtige Örtchen kennen, wenn es hier nicht ein kleines Wunder gäbe: einen Obsthain, wie er in der eher kargen und öden Berglandschaft, die ansonsten kaum mehr als ein paar spärliche Hügelwälder und ärmliche Bergbauernhöfe zu bieten hat, seinesgleichen sucht.*

*Niemand hat jemals eine Erklärung dafür gefunden, warum die Früchte an dieser Stelle besser wachsen als im gesamten Rest der Baronie derer von Lauenstein, in der Hügelsruh liegt, aber die Menschen, die sich hier angesiedelt haben, kümmern sich auch nicht um solche Fragen. Sie sind einfache, zufriedene Menschen, denen es reicht, daß sie zwei lukrative Ernten pro Jahr einfahren können.*

*Früchte aus Hügelsruh zeichnen sich durch ihren unglaublichen Geschmack aus, der sie zu einer beliebten Delikatesse gemacht hat, für die reiche Kunden, ob Adlige oder Bürgervolk, gerne auch ein wenig tiefer in den Geldbeutel greifen.*

*Durch ihren einzigartigen Obstgarten konnten sich die Bewohner von Hügelsruh eine ruhige, gesicherte Existenz aufbauen, die scheinbar durch nichts zu erschüttern war.*

*Bis zu jenem Tag, an dem die ersten Blätter verwelkten...*

## Beim Dorfschulzen

Das Abenteuer beginnt für die Charaktere, als sie zum Dorfschulzen gerufen werden.

Der Spielleiter sollte die Spieler dazu anhalten, zu beschreiben, was ihre Charaktere gerade tun, wenn der Abgesandte des Schulzen zu ihnen kommt. Eine solche Beschreibung hilft ihnen, sich mit ihrem Charakter, dessen Eigenarten und Lebensumständen zurecht zu finden.

Wenn die Spieler mit solchen Dingen Probleme haben, darf der Spielleiter ihnen gerne ein wenig helfend unter die Arme greifen (vor allem kann er so erste Hinweise auf das Abenteuer ausstreuen). Ein paar Beispiele für mögliche Tätigkeiten:

• Adrian befindet sich in den Randbereichen des Hains, um dort einige Bäume zu beschneiden. Dabei fallen ihm seltsame Dinge auf, wie sie der Hain vorher nie kannte: herunterfallende Knospen, bräunlich-schwarz verfärbte Rinde an den Bäumen, verfaulende Früchte. Was ist hier bloß los?

• Martin ist in seiner Schreibstube damit beschäftigt, den Schriftverkehr der letzten Wochen zu sichten. Baron von Berge, der Herr der nahen Baronie gleichen Namens, hat sich in der vergangenen Zeit häufig um Früchte aus Hügelsruh bemüht und verlangte Antwort auf Dutzende von Fragen über den Anbau von Pflanzen im Hain. Viel Arbeit für einen kleinen Schreiber...

- Michael kehrt von einem Jagdausflug in den Wald zurück. Irgendetwas war heute nicht in Ordnung. Die Vögel waren seltsam ruhig, und die Spuren, die er im Wald entdeckt hat, scheinen nicht von einem der Dorfbewohner zu stammen.
- Stephans Schenke steht tagsüber praktisch leer. Eine willkommene Gelegenheit, sich um den neuen Beerenwein zu kümmern. Erst heute morgen sind ganz frische Früchte aus dem Hain gekommen. Aber seltsam, die schmecken ja so anders... und klein sind sie auch, viel kleiner als sonst...
- Dragana untersucht gerade den verstauchten Knöchel eines Jungen, der von einem Baum im Hain gefallen ist. Er behauptet, ein Stück Rinde habe sich unter seinen Füßen gelöst, und nur deshalb sei er abgerutscht. Die Kräuterfrau kann das kaum glauben; warum sollte sich von einem gesunden Baum ein Stück Rinde lösen?

Wenn der Spielleiter seinen Spielern auf jeden Fall die in den verschiedenen Tätigkeiten geschilderten Informationen zukommen lassen möchte, kann er die jeweilige Situation auch als Einstieg ins Abenteuer mit den verschiedenen Charakteren ausspielen.

*Ihr betretet das Arbeitszimmer des Dorfschulzen.*

*Er ist ein großer, untersetzter Mann, der offensichtlich eher anderen Genüssen als den gesunden Verlockungen des Obstes zuspricht.*

Der Spielleiter sollte bei weniger als fünf Spielern daran denken, die folgende Passage entsprechend anzupassen.

*Ihr seid nicht allein hierher gerufen worden; insgesamt fünf Bewohner von Hügelsruh befinden sich in diesem Raum:*
- *Adrian, ein Obstbauer,*
- *Martin, der Dorfschreiber,*
- *Michael, einer der vom Dorf bezahlten Jäger,*
- *Stephan, der Wirt der Dorfschenke und*
- *Dragana, die Kräuterfrau und Heilerin des Dorfes*

*Der Schulze setzt an: „Ich weiß nicht, ob ihr es schon bemerkt habt, aber in unserem Hain gehen seltsame Dinge vor. Die Früchte faulen, Knospen und Blüten vertrocknen. Die Bäume werden morsch, und die Rinde bröckelt von ihnen ab."*

Die Spieler können an dieser Stelle durchaus den Schulzen unterbrechen und ihre eigenen „Beobachtungen" (siehe oben) schildern; der Spielleiter sollte sie sogar zu ein wenig Eigeninitiative anspornen (der folgende Text muß dann vielleicht ein wenig angepaßt werden).

*„Einige Leute, die den Hain besucht haben, berichten, daß sich die angerichteten Schäden zu seiner Mitte hin verstärken, aber niemand hatte bislang den Mut, dorthin vorzudringen. Es liegt ein böser Hauch über dem Hain, und die meisten Menschen hier fürchten das, was im Inneren des Hains auf sie warten könnte, so sehr, daß sie sich nicht näher heranwagen würden, wenn man sie mit einem Stock vorwärts treiben würde.*

*Ich habe euch ausgewählt, um zu klären, was mit dem Hain geschehen ist. Ihr alle seid angesehene Bürger von Hügelsruh, und ihr alle habt Fähigkeiten, die euch helfen könnten, dieses Geheimnis zu klären. "*
*Der Schulze blickt Euch an, seine Miene drückt immer noch die Stärke aus, für die er bekannt wurde, ihr seht aber auch die Verzweiflung, die tief in seinem Innern an ihm nagt.*
*„Bitte, ihr müßt dafür sorgen, daß der Hain wieder in voller Blüte steht, bevor es zu spät ist. Wenn der Hain stirbt, stirbt auch das Dorf. Werdet ihr klären, was dort geschieht?"*

Wir wollen an dieser Stelle davon ausgehen, daß die Spieler wirklich so reagieren, wie es der Heldenmut vorschreibt, daß sie also den Auftrag des Schulzen annehmen.

Jeder von ihnen ist aus einem bestimmten Grund mit dabei (und auf eventuelle Rückfragen hin wird der Dorfschulze diese Gründe auch gern erläutern):

- Adrian kennt sich mit dem Hain am besten aus und dürfte wohl am ehesten herausfinden, was dort im Argen liegt.
- Martin hingegen ist ein Mann, dem der Schulze vertraut, und darum obliegt es ihm, später wahrheitsgetreu von der Reise zu berichten.
- Michael ist das, was in Hügelsruh einem Krieger am nächsten kommt; wer weiß schon, ob sich nicht jemand im Hain befindet, der Böses im Schilde führt?
- Stephan soll vor allem mitkommen, um sich eventuelle Fremde genauer anzusehen; sein Ruf als Kenner der menschlichen Seele ist natürlich auch bis zum Dorfschulzen gedrungen.
- Dragana könnte nach Meinung des Schulzen mit ihrem Wissen um Kräuter und die Natur ebenfalls wichtig sein, um die Ursache für das langsame Sterben des Hains zu ergründen.

Sollten die Charaktere anfangs noch zögern, den Auftrag des Schulzen anzunehmen, so wird dieser noch ein wenig eindringlicher werden, um die widerwilligen „Helden" zu überzeugen. Er wird auch darauf hinweisen, daß es immerhin um das Wohl ihrer Heimat geht (und besonders Adrian sollte ihn dabei vehement unterstützen).

Sollten die Spieler ihre ehrenvolle (und natürlich unbezahlte) Aufgabe jedoch auch dann noch ablehnen, dann ist wohl alles verloren, und das Abenteuer ist beendet. Der Hain wird untergehen, und Hügelsruh wird bald nicht mehr als eine Geisterstadt sein.

Aber wir wollen ja nicht gleich das Schlimmste befürchten.

## Der verwelkende Hain

*Ihr macht Euch auf den Weg zum Hain von Hügelsruh; zwar liegt sein Rand kaum mehr als ein paar Minuten von der Ort-*

schaft entfernt, doch bis in seine Mitte steht Euch noch ein langer Weg bevor.

*Ihr seht sehr bald, daß die Befürchtungen des Dorfschulzen durchaus begründet waren. Schon am Rand des Hains wirken die Bäume nicht mehr so kräftig und fruchtbar wie noch vor wenigen Tagen, doch je weiter Ihr Euch in sein Inneres vorwagt, desto kränklicher werden die Pflanzen.*

*Bald führen Euch Eure Schritte vorbei an heruntergefallenen Früchten und vermodernden Bäumen. Ein eigenartiger Geruch liegt in der Luft, wie auf einem alten, feuchten Speicher, muffig und voll modrigem Verfall.*

*Und noch etwas fällt Euch nach kurzer Zeit auf: die Vögel, die bisher mit ihrem Gesang Euren Weg begleitet haben, scheinen plötzlich verschwunden zu sein; es ist geradezu unnatürlich still geworden.*

*Ihr spürt einen eisigen Schauer über Euren Rücken wandern.*

Die Charaktere können sich auf ihrem weiteren Weg beliebig lange umschauen, können Pflanzen und Früchte untersuchen; sie können alles tun, was ihnen einfällt.

Adrian könnte beispielsweise (mit seiner Fertigkeit *Bodenqualität erkennen*) die Erde untersuchen; ihm fällt dann auf, daß der Boden zur Mitte des Gartens hin immer unfruchtbarer wird, bis er schließlich in der Mitte des Hains kaum noch wie Erde, sondern mehr wie festgetretener Staub wirkt.

Mit seiner Fertigkeit *Pflanzenwissen* kann er außerdem herausfinden, daß den Bäumen an sich nichts fehlt, daß es einfach an der immer schlechter werdenden Qualität des Bodens liegt, daß sie verdorren und verfaulen; die Schnelligkeit und Heftigkeit des Faulens könnte auf eine Art Schock zurückzuführen sein.

An dieser Stelle kann richtig eingesetzte Musik Wunder wirken, um die Beschreibung des verwelkenden und vermodernden Gartens noch stärker zu betonen.

Die gewählte Musik sollte langsam, getragen und voller Verzweiflung und Trauer sein. Am besten eignen sich dazu entweder bestimmte klassische Musikstücke oder auch passende Abschnitte aus Film-Soundtracks.

Allzu bekannte oder mit Gesang unterlegte Stücke sollte man nicht benutzen, da sie eher ablenken als Stimmung erzeugen.

(Übrigens kann man natürlich auch andere Szenen mit passender Musik unterlegen, um ihre Wirkung zu steigern; laßt Euch ruhig etwas einfallen.)

Sobald sich die Charaktere dem Zentrum des Hains nähern, sollte der Spielleiter mit dem nächsten Abschnitt fortfahren.

# Der Baum und der Rabe

*Je mehr Ihr Euch der Mitte des Hains nähert, desto kranker und lebloser wirken die Bäume um Euch herum. Sie tragen schon längst keine Blätter mehr, und selbst die Gräser, Kräuter und Büsche zwischen ihnen sind verdorrt.*

*Dann habt Ihr das Zentrum erreicht. Ihr könntet nicht sagen, woher Ihr wißt, daß die vor Euch liegende Lichtung den Mittelpunkt des Gartens darstellt, aber Ihr seid Euch absolut sicher, daß es so ist.*

*In der Mitte des freien Bereiches steht ein zerschmetterter, toter Baum. Er sieht aus, als sei er von innen heraus zerfetzt worden, als habe irgendeine unerklärliche*

*Kraft etwas aus seinem Innersten heraus-gerissen.*

Die Charaktere wissen es (noch) nicht, aber sie stehen dem Geheimnis des verdorrenden Hains gegenüber (mehr dazu im weiteren Verlauf des Abenteuers).

Vermutlich werden sie als erstes diesen Ort untersuchen wollen.

Der Baum ist zwar der Länge nach gespalten, die Spuren sprechen jedoch eindeutig gegen einen Blitzschlag oder ein ähnliches Phänomen

(Adrian kann dies mit seiner Fertigkeit *Wetter erkennen* eindeutig ausschließen).

Im Umkreis der Lichtung ist die Erde völlig tot, nicht einmal eine Distel könnte hier überleben. Auch der Baum selbst ist absolut leblos, obwohl die große Zahl verdorrter Blüten und Früchte in seiner Umgebung beredt davon Zeugnis gibt, daß es sich früher um ein wirkliches Prachtexemplar gehandelt haben muß.

31

Die Charaktere, die den Baum und seine Umgebung genauer untersuchen, sollten jetzt *Geist*-Proben machen; wem eine solche gelingt, der wird eine der folgenden Entdeckungen machen:

1. Der Baum hat offensichtlich verschiedene Arten von Früchten getragen; der Charakter findet wenigstens fünf verschiedene Sorten (Äpfel, Birnen, Kirschen, Pflaumen, verschiedene Beeren, Nüsse oder was auch immer). Alle anderen Bäume sind zu weit weg, als daß diese Früchte von einem von ihnen hierher gerollt sein könnten.
2. Im Zentrum des gespaltenen Baumes findet sich ein schmaler Hohlraum, als habe sich tatsächlich etwas darin befunden, was nun jedoch nicht mehr da ist.
3. Der Holz des Baumes wirkt selbst im toten Zustand noch eigenartig porös und nachgiebig. Der Baum scheint von kleinen Adern durchzogen zu sein, und selbst die Rinde wirkt nicht so hart und leblos wie bei einem normalen Baum.
4. Auf dem Boden finden sich zwischen den Früchten Spuren eines eigenartigen, schwarzen Pulvers, das in etwa wie Asche wirkt. Wenn einer der Charaktere es berührt, wird es auch wie Asche seine Hände schwarz färben, doch die Kälte, die diese Substanz ausstrahlt und die die Finger der Charaktere taub werden läßt, ist absolut unnatürlich. Keiner der Charaktere könnte erklären, was diese „Asche" wirklich ist.

An dieser Stelle schreibt das Abenteuer zwar *Geist*-Proben vor, aber es steht dem Spielleiter natürlich frei, diese wegzulassen. Bei solchen Proben besteht nämlich immer die „Gefahr", daß die Charaktere nicht alle Informationen bekommen, die es zu finden gibt.

Wenn der Spielleiter dies verhindern möchte, kann er das erhältliche Wissen natürlich jederzeit einfach so herausgeben. Er kann auch auf das Rollenspiel der Charaktere achten und genau die Dinge preisgeben, nach denen einer von ihnen auch wirklich sucht (Information 1. also beispielsweise nur, wenn sich einer der Charaktere die am Boden liegenden Früchte genauer ansieht).

Ein kleiner Trick, wenn der Spielleiter noch mehr Hinweise ausgeben möchte, aber zuviele Proben mißlingen, ist auch, daß er einen erneuten Würfelwurf erlaubt; schließlich wissen die Spieler nicht genau, wofür sie würfeln, und somit ist es durchaus möglich, ihnen eine zweite Chance für die zweite Information zu geben (und eine dritte für die dritte usw.).

Wenn die Charaktere alles getan haben, was ihnen einfällt, kann der Spielleiter den nächsten Abschnitt vorlesen (der erste „Satz" sollte dabei ruhig schön laut und vor allem überraschend vorgetragen werden, um die Spieler genauso aufzuschrecken wie die Charaktere).

*„KRAH!"*

*Ihr schreckt zusammen und wirbelt herum.*

*Auf einem der toten Bäume vor Euch sitzt ein großer, schwarzer Vogel. Ein Rabe.*

*Das Tier wiegt sich leicht vor und zurück, und wenn Ihr nicht wüßtet, daß es unmöglich ist, würdet Ihr schwören, daß der Vogel mit seinem Schnabel ein wenig spöttisch lächelt.*

*Doch Ihr merkt plötzlich, daß einiges mehr möglich ist, als Ihr bislang für denkbar gehalten habt: der Rabe beginnt mit krächzender Stimme zu sprechen.*

*„Ihr seht aus, als hättet ihr einen Geist gesehen. Keine Sorge, ich bin keiner, ich bin genauso aus Fleisch und Blut wie ihr, nur etwas hübscher natürlich. Krah!"*

*Das gehässige Funkeln seiner Augen scheint sich bei seinen Worten noch zu verstärken.*

Der Rabe ist scheinbar aus dem Nichts aufgetaucht.

Fragt man ihn nach seinem Namen, wird er eine Bewegung machen, die erstaunlich genau an ein Schulterzucken erinnert, und sagen, so etwas wie einen Namen brauche er nicht, man kenne ihn hier.

Die Charaktere können dem Raben natürlich allerlei Fragen stellen, aber er wird immer nur ausweichend oder mit beißender Ironie antworten. Er hat auf alles eine gehässige Antwort parat und dreht alle Aussagen so um, daß sie den Sprecher als Dummkopf dastehen lassen.

Vertreiben läßt er sich übrigens nicht, er flattert höchstens von einem Baum zum anderen. Wenn er jedoch von einem Charakter beschossen oder beworfen und dabei verletzt wird, so wird er die Ahnen, Kinder und Kindeskinder des Charakters lautstark verfluchen und davonflattern (für Ausweich-Versuche wird er behandelt, als habe er einen *Geschick*-Wert von 10).

Der Rabe ist eine Nervensäge, und er sollte nicht nur an den Nerven der Charaktere, sondern auch ruhig an denen der Spieler sägen.

Man kann sich dabei auf einen alten Spielleiter-Trick verlassen: was die Spieler zu einer Reaktion bringt, wird auch ihre Charaktere dazu verleiten.

Um also so richtig unausstehlich zu wirken, sollte der Rabe (und damit natürlich der Spielleiter) mit einer krächzenden, mekkernden Stimme sprechen, vielleicht hin und wieder ein **„Krah!"** einfließen lassen usw.

Er sollte eine Reihe von Gemeinheiten parat haben, die er den Spielern an den Kopf werfen kann, passend zu ihren Charakteren.

Einige Vorschläge:
• zu Adrian: „Na, Großer, ich glaube, dein Garten hier läßt ein wenig fachkundige Pflege vermissen, oder?"

- zu Martin: „Hey, Vierauge, siehst du mich überhaupt, oder hältst du mich für einen Fleck auf deiner Brille?" (Er wedelt mit einem Flügel [der Spielleiter wedelt, um dies zu simulieren, mit einem angewinkelten Arm].) „Huhu!"
- zu Michael: „Sag mal, welchem Riesen willst du denn mit den Zahnstochern da auf deinem Rücken im Gebiß rumfummeln?"
- zu Stephan: „Komm doch mal rauf hier, Dickerchen, dann fällt das Reden leichter. Oder hast du Angst, daß der arme Baum hier unter dir zusammenbricht?"
- zu Dragana: „Hm... wenn ich dich so ansehe, da möchte ich doch glatt Mensch sein... warte mal...„ (Er ruckt hin und her, plustert sich auf, stößt irgendwelche gemurmelten Silben aus, springt von einem Bein auf das andere.) „Schade, gestern hat das mit dem Verwandeln noch geklappt..."
- zu einem beliebigen Charakter: „Hey, hast du Hunger?" (Er flattert herunter, nimmt mit dem Schnabel eine verfaulte Frucht auf und wirft sie mit *Geschick* 10 nach einem Charakter [die Frucht richtet bei einem Treffer keinen Schaden an, stinkt aber widerlich].) „Und? Lecker?"
- zu allen gleichzeitig: „Kriegt mich doch, kriegt mich doch!" (Er flattert blitzschnell an den Charakteren vorbei, immer wieder; er kann mit einer Konkurrenz-Probe auf *Geschick* gefangen werden [gelingt dies, bietet er freiwillig seine Hilfe an].)

Wichtig ist bei all diesen Streichen jedoch, daß die anderen Spieler, die gerade nicht von dem Raben „bedacht" werden, über dessen Bemerkungen lachen können.

Keine Sorge, wer am lautesten lacht, ist natürlich als nächster dran, und dann kann der Charakter, der eben noch das Ziel des Spotts war, auch wieder mitlachen.

Der Rabe wird erst wieder etwas „Sinnvolles" tun, wenn er gefragt wird, ob er helfen kann.

*„Helfen? Ich? Wohl kaum, ich bin doch nur ein kleiner Vogel. Aber wenn ihr Hilfe sucht, kann ich euch zeigen, wo ihr sie findet."*

*Er erhebt sich in die Lüfte und flattert davon.*

*„Kommt mit!"*

*Ihr zögert einen Moment, noch viel zu überrascht von dem, was sich hier abspielt, doch schon schreit der Rabe wieder, während er immer weiter in Richtung des nahen Bergwaldes fliegt.*

*„Nun kommt doch schon!"*

Der Rabe führt die Charaktere, so sie ihm denn folgen, durch den verblühenden Garten, wobei er nicht aufhört, sie weiter mit dummen Sprüchen zu piesacken.

Glaubt mir, Spieler kommen ständig auf die absonderlichsten Ideen. Und wenn dadurch mal etwas aus dem Ruder läuft, muß der Spielleiter ein wenig improvisieren und einen Weg suchen, wie er die Charaktere wieder ins Abenteuer zurück bringt.

Was soll man also tun, wenn die Spieler den Raben vertreiben oder aber sich weigern, ihm zu folgen?

34

In diesem Fall könnten die Charaktere später bei der Suche nach Spuren immer noch auf Noata (siehe unten) treffen, oder sie kommen vielleicht auch ganz ohne deren Hilfe aus und erfahren das Geheimnis des Hains erst später (zum Beispiel von dem fahrenden Händler Antonio, der später noch genauer beschrieben wird).

Auf jeden Fall sollte man den Spielern eine zweite Chance geben, an die nötigen Informationen zur Lösung des Abenteuers zu kommen, denn jeder darf mal einen „Fehler" machen.

## Die alte Noata

*Ihr folgt dem flatternden und quasselnden Vogel in einen nahegelegenen Höhenwald. Auch hier scheinen die Pflanzen unter der Wirkung einer geheimnisvollen Krankheit zu leiden, wirken krank und unfruchtbar.*

*Doch je weiter Ihr in die Tiefen des Waldes vordringt, desto gesunder wirken die Bäume, und in Euch keimt ein klein wenig Hoffnung auf, daß der eigenartige Effekt, der Euren Hain erfaßt hat, überwunden werden kann. Und als sogar noch einige Vögel ihr fröhliches Lied anstimmen, um die grausige Stille des Verfalls zu vertreiben, die Euch zu erdrücken drohte, keimt fast so etwas wie gute Laune auf.*

*Wenn bloß dieser Rabe einmal mit seinem Gequatsche aufhören würde...*

*Ihr seid jetzt schon über eine Stunde unterwegs, immer wieder aufgehalten von dornigem Gesträuch und unwegsamem Unterholz, als plötzlich vor Euch die inzwischen gehaßte Stimme eines gewissen schwarzen Vogels ertönt.*

*„Wir sind da! Wir sind da! Das ist das Haus von Noata! Sie kann euch bestimmt helfen."*

*Auf einer kleinen Lichtung vor Euch seht Ihr plötzlich eine halb verfallene, windschiefe Kate auftauchen, vor der ein altes Mütterchen sich mit einem Reisigbesen der wenig erfolgversprechenden Aufgabe widmet, ihre von Blättern, Ästen und allerlei anderem Schmutz bedeckte Terrasse sauberzufegen.*

*Mit lautem „Krah, Krah!" schießt der Rabe vorwärts und setzt sich sofort zahm und zutraulich auf die Schulter der Frau. Sein Blick zu Euch hinüber hat etwas triumphierendes, herausforderndes an sich.*

*Die Alte blickt zu Euch und setzt ein zahnloses, aber trotzdem herzlich wirkendes Lächeln auf.*

*„Ich bin Noata! Kommt doch herein."*

*Mit diesen Worten dreht sie sich um und verschwindet in ihrem Haus.*

Die Charaktere können jetzt beraten, was zu tun ist.

Wenn man Stephan befragt, so sagt ihm seine angeblich ja untrügliche Menschenkenntnis, daß Noata vielleicht nicht unbedingt so hilflos ist, wie sie erscheint, aber wohl keine bösen Absichten hegt (was übrigens voll und ganz stimmt).

Dragana darf an dieser Stelle eine *Geist*-Probe machen; gelingt diese, so schießt ihr der Gedanke durch den Kopf, daß ihre Großmutter ihr während ihrer Ausbildung schon einmal von einer gewissen Noata erzählt hat, die eine der besten Hexen und Kräuterfrauen gewesen sein soll, die dieser Landstrich je gesehen hat. Eine faszinierende Gestalt, die die junge Frau gerne einmal treffen würde.

Wenn die Charaktere das Haus trotz allem nicht betreten wollen, so wird Noata im rechten Moment auftauchen (bevor die Besucher wieder verschwinden), einen Suppenlöffel in der Hand, und laut verkünden:

*„Das Essen wird kalt. Nun kommt doch endlich."*

Um die alte Noata angemessen darzustellen, sollte der Spielleiter sich ruhig mal wieder ein wenig als Schauspieler versuchen.

Die alte Frau hat die krächzige, keifende Stimme, die man allgemein mit einer Hexe verbindet, und auch sonst darf man sich ruhig einiger Klischees bedienen, um sie angemessen darzustellen. Ein in Falten gelegtes Gesicht und ein zusammengekniffenes Auge bei leicht schiefgelegtem Kopf wirken jedenfalls Wunder, um die etwas wunderliche Persönlichkeit der Alten zu vermitteln.

Wer möchte, kann sich sogar noch etwas mehr bemühen; eine etwas gebückte Sitzhaltung oder auch das Kraulen des Gefieders bei einem imaginären Raben auf der Schulter unterstützen das gewünschte Bild einer alten Hexe recht gut.

Generell gilt jedoch für solche Dinge, daß man nur soweit gehen sollte, wie man sich damit noch wohl fühlt. Es ist auch durchaus nicht verboten, sich vorher vor dem Spiegel davon zu überzeugen, daß man nicht so lächerlich wirkt, wie man sich vielleicht fühlt. Ein Freund oder Bekannter, der nicht mitspielt, kann auch als Publikum für Eure ersten Gehversuche in Richtung Schauspielerei dienen (aber natürlich nur, wenn er verspricht, nicht allzu schnell loszulachen).

Das Haus Noatas ist eine kleine Kate mit nur einem Raum, die trotz aller Einfachheit eine anheimelnde Gemütlichkeit ausstrahlt.

Die alte Frau hat einen würzigen Eintopf gekocht, der so wohlschmeckend ist, daß die Charaktere sich bestimmt schwer beherrschen müßten, nicht einen Nachschlag zu verlangen.

Dazu reicht sie selbstgebrautes Bier und selbstangesetzten Früchtewein, und auch hier dürfte kaum jemand so schnell genug davon bekommen (wenn der Spieler des Wirtes Stephan nicht von selbst daran denkt, sollte der Spielleiter ihn ruhig daran erinnern, daß ihn das Rezept der beiden wohlschmeckenden Getränke bestimmt interessieren dürfte; Noata gibt sie ihm gerne).

Dieses Essen (dessen friedliche Atmosphäre höchstens mal durch einige unflätige Bemerkungen des Raben gestört wird) sollte eine kleine Ruhepause für die Spieler darstellen; Noata wird alle Fragen, die sich auf die Fortführung des Abenteuers beziehen, erst nach dem Essen beantworten (sie agiert dabei nach dem klassischen Bemutterungs-Prinzip: *„Nun eßt erst mal was, Kinder, dafür ist später noch Zeit!"*).

Nach dem Essen können die Charaktere allerdings einiges von der alten Frau erfahren. Noata ist das Hauptinstrument des Spielleiters, um Informationen über die Hintergründe des Abenteuers weiterzugeben.

Die Charaktere können ihr beliebig viele Fragen stellen, und sie wird immer freundlich antworten, auch wenn sie vielleicht keine wirklichen Antworten auf die jeweiligen Frage hat.

Im Folgenden möchte ich einige typische Fragen und die dazugehörigen Antworten geben; je nachdem, was die Charaktere sich alles einfallen lassen, kann der Spielleiter diese Antworten natürlich nicht einfach vorlesen, sondern muß sie ein wenig den gestellten Fragen anpassen.

**1. Was hat es mit dem Baum im Zentrum des Hains auf sich, und war darin wirklich etwas eingesperrt?**

*„Was ihr einen Baum nennt, ist viel mehr als bloß eine Pflanze. Es ist ein Lebensbaum, meines Wissens der letzte seiner Art in dieser Gegend. In seinem Inneren lebt ein Wesen, das die Legenden einen Baumgeist nennen. Es ist dort nicht gefangen, sondern lebt mit der Pflanze in einer Verbindung, die für uns nur schwer zu verstehen ist.*

*Uns Sterblichen zeigt sich ein Baumgeist als zartgliedrige, wunderhübsche Frau, doch er ist viel mehr als das.*

*Er lebt normalerweise in der Mitte eines Waldes oder Gartens, und die Pflanzen in diesem Gebiet sind einfach stärker und gesünder als woanders. Die Früchte, die man dort ernten kann, sind wohlschmeckender. Der Baum ist das Zentrum seiner Kräfte, und mit der Zeit entwickelt sich dieses einmalige Gewächs zu einem Gemisch aller anderen Pflanzen, die in seinem Umfeld existieren. Er wird sogar alle Arten von Früchten tragen, die man an anderen Pflanzen in seinem Wald finden kann."*

(Die Spielern sollten jetzt verstehen, daß der Hain von Hügelsruh seine Existenz und die Qualität seiner Produkte nur der Existenz eines solchen Baumgeistes verdankt. Auch erklärt diese Geschichte einige der Dinge, die die Charaktere im Zentrum des Hains entdecken konnten.)

37

## 2. Was ist im Hain von Hügelsruh passiert?

*„Wenn ein Baumgeist seine bisherige Wirkungsstätte verläßt, ist das wie ein Schock für die Natur dort. Sie ist es gewöhnt, unter dem Einfluß dieses Wesens zu existieren, und wenn seine spezielle Kraft plötzlich versiegt, gehen die Pflanzen in sofortigen Verfall über.*

*Ich kann mir auch denken, wie es dazu gekommen ist. Ich habe Männer gesehen, Männer in Uniformen, ein Dutzend von ihnen vielleicht. Sie trugen ein seltsames, bauchiges Gefäß bei sich; es sah beinah´ aus wie eine Urne. Ich habe ähnliche Gefäße auch schon bei Magiern gesehen; sie belegen sie mit einem Bannzauber, um beschworene Wesen darin festzuhalten. Die Soldaten sind in den Hain eingedrungen. Ich sah sie eine Zeit lang nicht, und dann kamen sie zurück und verschwanden wieder, irgendwo in Richtung der Berge.*

*Das ist jetzt zwei Tage her.“*

(Den Spielern dürfte klar werden, daß sich wohl jemand des Baumgeistes bemächtigt hat. Anhand der Schilderung Noatas sollte auch klar werden, daß dieser Entführer auf jeden Fall magische Kräfte haben muß.)

## 3. Wer waren die Eindringlinge?

*„Nun, ich kenne mich nicht allzu gut mit solchen Dingen aus, aber wenn ich meinem kleinen, schwarzen Freund hier glauben kann, erwähnten sie den Namen des Barons von Berge. Ihre Waffenröcke trugen außerdem einen Berg als Wappen.“*

(Martin und Michael kennen auf jeden Fall den Namen von Berge und wissen, wo seine Baronie liegt. Martin wird sich außerdem daran erinnern, daß das geschilderte Wappen wirklich das der Nachbar-Baronie ist. Alle Charaktere dürfen eine *Geist*-Probe machen, um sich daran zu erinnern, daß die Baronie etwa eine Tagesreise in Richtung Westen liegt; eventuell fällt ihnen ein, daß von Berge schon lange neidisch auf den Hain von Hügelsruh war, da seine eigenen Versuche, eine florierende Landwirtschaft aufzubauen, nicht von allzu viel Erfolg gekrönt waren. Außerdem wird sich einer der Charaktere nach einer gelungenen *Geist*-Probe erinnern, daß er Gerüchte gehört hat, die dem Baron magische Kräfte zusprechen.)

## 4. Was hätte jemand davon, einen Baumgeist zu entführen?

*„Wenn man einen anderen Baum mit Hilfe der richtigen Magie vorbereitet, so kann der Baumgeist hineinfahren und von dort aus seine Wirkung entfalten. Er wird zwar nie so stark sein wie in einem wirklichen Lebensbaum, aber in dieser kargen Gegend ist selbst ein halber Lebensbaum besser als alle anderen Düngemethoden.“*

## 5. Was ist die schwarze Asche?

*„Von einer solchen Substanz habe ich schon gehört; sie dient dazu, übernatürlichen Dingen den Willen eines Sterblichen aufzuzwingen, aber ich hätte nicht erwartet, daß jemand hier die Fähigkeit hat, so etwas zu erschaffen.*

*Nehmt euch in acht! Dieser Stoff ist ein Produkt der schwarzen Künste. Ich habe mich mit solchen Dingen nie beschäftigt, aber ich weiß, welche Macht dazu gehört, so etwas zu erschaffen, und solche Menschen haben bestimmt keine Skrupel, ihre Macht auch einzusetzen.“*

## 6. Wie sollen wir den Entführern folgen?

*„Mein kleiner Freund hier wird euch zeigen, wo er diese Soldaten gesehen hat; vielleicht sind dort noch Spuren zu finden, wenn einer von euch sich mit sowas auskennt.“*

(An dieser Stelle sollte Michael natürlich klar sein, daß es seine Aufgabe ist, diesen Spuren zu folgen.)

*„Und für den weiteren Weg habe ich noch etwas für euch."*

(Sie steht auf und kramt in einer Kiste, aus der sie einen in einen Goldrahmen gefaßten Kristall undefinierbarer Farbe hervorholt; diesen gibt sie Michael, da sie erkennt, daß er am ehesten den Spuren folgen kann.)

*„Mit diesem Kristall könnt Ihr auch in den Bergen die Spuren der Entführer erkennen und ihnen folgen."*

### 7. Warum hilfst Du uns?

*„Ohne den Geist wird der Hain sterben, und nichts könnte das verhindern. Und ohne den Hain wird auch mein Wald hier sterben, und selbst, wenn er es überlebt, wird er nicht mehr so sein, wie ich ihn mir wünsche.*

*„Wir haben das gleiche Ziel, doch ich bin einfach zu alt, um mich noch auf einen solch beschwerlichen Weg zu begeben. Das überlasse ich euch."*

### 8. Wer bist Du?

*„Ich bin nur eine alte Frau, die sich hier einen geruhsamen Lebensabend machen will. Was früher war, ist lange vorbei, und was auch immer ich einst gekonnt habe... heute ist das völlig unwichtig geworden."*

(Stephan wird an dieser Stelle ziemlich schnell klar, daß die alte Frau ihre eigene Macht deutlich herunterspielt, aber er spürt keine echte Bosheit in ihr, nur so etwas wie eine tiefe Traurigkeit; vermutlich wird er sie aber nicht darauf ansprechen. Und wenn doch, so wird Noata nur ein so gütiges Lächeln aufsetzen, daß man kaum glauben mag, daß sie etwas anderes als eine liebe, alte Frau ist.)

Der Spielleiter kann sich an dieser Stelle eines besonderen Kniffs bedienen: wenn eigentlich nur einer der Charaktere eine bestimmte Information bekommen soll, schreibt der Spielleiter diese einfach auf einen Zettel und schiebt diesen dem jeweiligen Spieler zu (dies kann entweder möglichst unauffällig oder auch vor den Augen der anderen geschehen [die anderen Spieler dürfen in keinem Fall erfahren, was auf diesem Zettel steht]).

Wenn Ihr aus irgendeinem Grund ein längeres Gespräch mit einem bestimmten Spieler führen wollt oder müßt, könnt Ihr auch jederzeit mit ihm in einen Nachbarraum gehen, um vor den neugierigen Ohren der anderen gefeit zu sein.

In manchen Fällen kann man ein solch längeres Gespräch auch im Vorfeld des eigentlichen Spielabends führen, wodurch man eine beliebige Menge an Informationen unauffällig übermitteln kann.

Danach kann der Spieler dann selbst entscheiden, was er seinen Mitspielern mitteilen möchte.

Die Charaktere können zwar noch eine Weile bei Noata bleiben, aber spätestens nach ein oder zwei Stunden wird sie die Charaktere drängen, sich auf den Weg zu machen. Sie gibt ihnen gerne einige Vorräte mit, bestehend aus Brot, Käse und Bier, alles selbstgemacht, ausgeprochen wohlschmekkend und sättigend. Danach sollten die Helden aber auf jeden Fall gehen.

Der Rabe flattert ihnen wieder voran und bringt sie an eine Stelle, wo Michael nach kurzem Suchen tatsächlich eine Spur der Entführer findet, und mit einem aufmunternden *„Ich glaube zwar nicht, daß ihr das schafft, aber überrascht mich doch mal!"* überläßt der Rabe die Spieler sich selbst.

Die Jagd kann beginnen.

## Auf der Suche nach den Entführern

> Dieser Abschnitt wird nur dann benutzt, wenn die Charaktere bei Noata waren.

*Ihr folgt den Spuren im Wald, und Michael bemerkt, daß die Verfolgten es offensichtlich sehr eilig hatten; sie haben sich kaum darum bemüht, ihren Weg unkenntlich zu machen, so daß er selbst nach zwei Tagen noch deutlich sichtbar ist.*

*Als Ihr jedoch etwas später den Rand des Waldes erreicht, erkennt Ihr auch, warum. Auf den kahlen Felsen vermag selbst das geübte Auge keine Spuren mehr zu erkennen.*

*Nur der geheimnisvolle Kristall Noatas kann jetzt noch helfen. Und tatsächlich, durch ihn erscheinen die Spuren plötzlich so deutlich, als hätten die Entführer Brotkrumen gestreut.*

Der Weg an sich ist den Charakteren jetzt klar, und nun kann es bei **Der Weg durch die Berge** weitergehen.

## Der fahrende Händler

> Dieser Abschnitt kann benutzt werden, wenn die Charakter nicht den Weg zu Noata gefunden haben, aber auch, wenn sie dort nicht alle Informationen erhalten haben.
>
> Im letzteren Fall muß jedoch ein Teil der unten stehenden Beschreibungen ein wenig angepaßt werden.
>
> Zum einen kann dieser Abschnitt einer Gruppe von Charakteren helfen, die vom rechten Pfad abgekommen sind; zum anderen kann das Auftauchen des fahrenden Händlers den Spielern aber auch die Bestätigung geben, daß sie sich auf dem richtigen Weg befinden (sowas brauchen Spieler manchmal einfach).

*Ihr folgt den Spuren, die Ihr im Zentrum des Hains entdeckt habt, und Michael bemerkt, daß die Verfolgten es offensichtlich sehr eilig hatten; sie haben sich kaum darum bemüht, ihren Pfad unkenntlich zu machen, so daß er selbst nach offensichtlich längerer Zeit noch deutlich sichtbar ist.*

*Als Ihr jedoch etwas später den Rand des Waldes erreicht, erkennt Ihr auch, warum. Auf den kahlen Felsen vermag selbst das geübte Auge keine Spuren mehr zu erkennen.*

*Ihr lauft eine Weile hilflos umher, verzweifelt auf der Suche nach irgendeinem Hinweis, wohin Ihr Euch wenden sollt.*

*Plötzlich ertönt hinter Euch eine Stimme: „Sucht Ihr etwas? Kann ich helfen?"*

*Hinter Euch ist, ohne daß Ihr es bemerkt habt, ein Karren aufgetaucht, auf dem ein älterer Mann sitzt. Auf der Seite seines Wagens könnt Ihr eine Schrift erkennen: „Der Rasende Antonio"*

Antonio Deodato ist ein fahrender Händler, der sich mit seinem Angebot „exotischer" wie alltäglicher Güter seit Jahren durch die Berg-Baronien bewegt und recht gutes Geld mit seinen Waren verdient.

Vor allem aber ist er an dieser Stelle der Notnagel des Spielleiters, der seinen hilflosen Charakteren helfen will, das Abenteuer doch noch zu lösen.

Antonio hat nämlich den weiter unten beschriebenen Wachen des Barons von Berge gerade einige Nahrungsmittel geliefert (vor allem solche in flüssigem Zustand) und kann von der Ankunft einer Gruppe von Soldaten berichten, die so etwas wie eine überdimensionale Urne mit sich geführt haben, wie er sie noch nie zuvor bei einer Militäreinheit gesehen hatte (bei einem Magier, ja, aber nicht bei irgendwelchen Soldaten). Kurz darauf gab es einigen Jubel bei den Männern dort, denn angeblich soll sich plötzlich Leben in einem Felsen-Hain gezeigt haben, wo vorher kaum etwas gewachsen ist. Antonio beschreibt den Charakteren gerne den Weg zu diesem angeblich magischen Felsengarten.

Der Rasende Händler kann übrigens auch berichten, daß die Truppen des Barons von Berge einen Berggipfel als Wappen auf ihren Waffenröcken führen (für den Fall, daß der „Rasende Antonio" trotz des Besuchs bei Noata auftaucht und den Charakteren eine Informationen geben muß, die diese

aufgrund einer mißglückten *Geist*-Probe nicht bekommen haben).

Von hier aus geht es dann direkt weiter zum Abschnitt **Der Weg durch die Berge**.

Dieser Abschnitt soll verdeutlichen, wie man improvisieren kann, wenn die Charaktere einen anderen als den geplanten Weg gehen. Wichtig ist eben nur, daß sie irgendwo wieder in das eigentliche Geschehen eingreifen können.

Eine weitere Alternative könnte zum Beispiel eine Patrouille der Streitkräfte des Barons von Berge sein, der die Charaktere auflauern können; wenn diese Soldaten gefangengenommen werden, kann man auch von ihnen etwas über die düsteren Pläne ihres Herren erfahren (man muß sie nur entsprechend... überreden).

Ihr seht also, es gibt immer Möglichkeiten.

41

# Der Weg durch die Berge

Daß die Charaktere jetzt wissen, wo es lang geht, muß noch lange nicht heißen, daß ab sofort alles glatt geht. Schauen wir uns doch mal ein paar Dinge an, die so auf dem Weg passieren könnten, wenn dem Spielleiter danach ist:

1. Ein eisiger Gebirgsbach hat eine Brücke unterspült, über die die Spur der Verfolgten führt. Man kann den Schaden an dem Bauwerk mittels einer gelungenen *Geist*-Probe erkennen, die vom Spielleiter verdeckt durchgeführt wird, aber nur dann, wenn ein Charakter wirklich ankündigt, daß er sich die Brücke genauer ansieht.

   Um trockenen Fußes hinüberzukommen, muß jedem Charakter eine *Geschick*-Probe gelingen. Wenn diese mißlingt, bricht der Held ein und stürzt ins eisige Wasser (1 Punkt Schaden, Rüstung hat keine Wirkung). Dies geschieht jedoch nicht, wenn er angeseilt ist oder von einem Charakter am Ufer festgehalten wird.

   Um den Bach wieder zu verlassen, muß dem Charakter eine *Körper*-Probe gelingen. Es sind mehrere Proben hintereinander möglich, aber für jede mißlungene Probe verliert der Charakter zwei weitere Schadenspunkte durch das eisige Wasser (Dragana mit ihrer Fertigkeit *Schwimmen* kommt sofort und ohne weiteren Schaden wieder aus dem Wasser heraus, auf Wunsch auch auf der gegenüberliegenden Seite).

   Alternativ kann man einem Charakter im Bach auch ein Seil zuwerfen. Er muß dann eine *Geschick*-Probe machen, um es zu fangen. Wenn ihm dies gelingt, kann ihn einer seiner Kameraden mit einer gelungenen *Körper*-Probe wieder herausziehen (zwei Charaktere, die zusammen ziehen, schaffen dies automatisch).

2. Die Charaktere hören das Geräusch eines großen Tieres, vielleicht das Brummen eines Bären oder das Röhren eines Drachen, irgendwo aus der Ferne, wie es sich an den Felswänden bricht und zu ihnen herunter hallt. Vor allem Michael wird sich erinnern, daß er immer wieder davon gehört hat, daß es in den hiesigen Bergen einige gewaltige Bären geben soll, aber gesehen hat er selbst noch nie einen. Und ein Drache? Nun, wer weiß...

   Welches Untier sich jedoch auch immer hinter dem unheimlichen Laut verbergen mag, es wird in diesem Abenteuer nur als weit entferntes Geräusch auftauchen; es ist nur dazu da, die Spieler ein wenig nervös zu machen. Wer weiß, ob sie nicht bald hinter jedem von irgendwo herunterfallenden Stein oder gar dem Echo ihrer eigenen Schritte das herannahende Ungeheuer vermuten...

3. Ein seltsames Krachen und Poltern schreckt die Charaktere auf. Alle Spieler machen eine *Geist*-Probe, um festzustellen, woher die eigenartigen Geräusche kommen. Wem diese gelingt, der erkennt, daß eine Steinlawine den Berg herunterrast!

   Jetzt sind *Geschick*-Proben angesagt, um sich in Sicherheit hinter einem Felsüberhang zu bringen; wem dies nicht gelingt, der nimmt zwölf Punkte Schaden hin.

Wenn keiner die Lawine rechtzeitig erkennt, kann man sich zwar immer noch mit einer gelungenen *Geschick*-Probe vor dem Schlimmsten bewahren, nimmt aber auf jeden Fall noch fünf Punkte Schaden durch die ersten Steine, bevor man endgültig in Sicherheit ist. Auch hier droht Leuten mit Würfelpech die „Höchststrafe" von 12 Schadenspunkten.

(Hinterhältige Spielleiter verlangen nach der Lawine vielleicht noch *Körper*-Proben, mit denen sich die Charaktere wieder unter den heruntergekommenen Steinmassen hervorarbeiten müssen.)

4. Die Charaktere werden irgendwann auf dem Weg übernachten müssen, und in einer solchen Nacht kann man wundervoll auf ihren Nerven tanzen.

Ständig können irgendwo aus der Dunkelheit seltsame Geräusche zu ihnen dringen (Murmeltiere und Hasen bei einer Nachtwanderung, herunterfallende Steine, das weit entfernte, verzerrte Rauschen eines Bergbaches usw.), und aus der Ferne ertönen die Geräusche größerer Tiere (vielleicht das Heulen eines jagenden Wolfsrudels).

Passieren muß auch hier nichts, aber zusammen mit der Angst vor dem angeblichen Bären am Tag zuvor können solche Episoden wahre Wunder an Nervosität bei den Spielern (und damit natürlich auch bei den Charakteren) bewirken.

Wenn der Spielleiter der Meinung ist, daß er seine Spieler genug gepiesackt hat, kann er zum nächsten Abschnitt (**Die Wächter**) übergehen.

Zu diesem Zeitpunkt ist der Spielleiter hoffentlich sicher genug, um einige Szenen auch mal ohne größere Erklärungen unsererseits durchspielen zu können... also, legt los...

An diesem Abschnitt kann man aber auch erkennen, was der Spielleiter alles machen kann, um das Abenteuer zu einem echten Erlebnis zu machen.

Es geht nicht nur darum, eine einzige, geradlinige Geschichte zu erzählen; gerade an solchen Übergangsstellen muß man auch noch dafür sorgen, daß der Weg zu einem vorbestimmten Ziel nicht einfach nur eine kleine Bergwanderung ist. Alles, was hier passiert, hat im Grunde genommen nichts mit dem Abenteuer zu tun, sorgt aber bestimmt für ein wenig Abwechslung auf dem Weg.

Dies kann, wie im vorliegenden Fall, mit einigen spannenden Zwischenspielen erfolgen, aber auch mit einem interessanten Nichtspieler-Charakter (wie zum Beispiel dem fahrenden Händler) oder sogar, bei längeren Abenteuern, mit einer kleinen Nebenhandlung, die erst einmal abgewickelt wird, bevor es wieder mit dem eigentlichen Abenteuer weitergeht.

## Die Wächter

*Euer Weg führt Euch höher und höher in die Berge, über schmale Pässe und tiefe Schluchten. Ihr fragt Euch schon, ob es überhaupt irgendein Ziel gibt, auf das diese Spuren zusteuern, als plötzlich hinter einer Biegung etwas in Euer Blickfeld gerät. Ihr springt rasch zurück in Deckung. Ja, das muß es sein...*

*In einiger Entfernung seht Ihr einen Höhleneingang, vor dem drei Wächter postiert sind. Sie tragen Waffenröcke mit dem Berg-Wappen, das man Euch beschrieben hat.*

Hinter dem Höhleneingang verbirgt sich ein Weg, auf dem die Charaktere direkt in den geheimen Hain des Barons von Berge gelangen können.

Doch bevor die Charaktere dies herausfinden können, müssen sie sich erst einmal der drei Wächter entledigen, die vor dem Eingang stehen.

Es handelt sich natürlich um Soldaten in Diensten des Barons von Berge, unterbezahlt, wenig motiviert und mit recht wenig Begeisterung für ihren momentanen Auftrag erfüllt.

Es gibt mehrere Methoden, an ihnen vorbeizukommen.

Zum einen kann man sie natürlich einfach niederkämpfen, was für fünf Charaktere durchaus möglich sein sollte.

Um gefahrlos etwas näher an die Soldaten heran zu kommen, könnte sich beispielsweise Dragana bereit erklären, ihre offensichtlichen weiblichen Reize einzusetzen. Die Wächter werden sie wohl kaum als Gefahr ansehen (und vermutlich sowieso auf ganz andere Gedanken kommen).

Wenn die Kräuterfrau aber zu einer solchen erniedrigenden Handlung nicht bereit ist, könnte einer der anderen Charaktere mit einem Wein-schlauch oder einer Amphore Bier eine ähnliche Wirkung erzielen.

In beiden Fällen wären die Soldaten spätestens bei einer gelungenen *Ausstrahlungs*-Probe des jeweiligen Spielers soweit abgelenkt, daß sie nicht mehr bemerken, wie sich die anderen Charaktere im Schutz der Felsen und einiger vertrockneter Grasbüschel nähern.

Sollten die Charaktere nicht auf eine solche Idee kommen, so sind mindestens zwei gelungene *Geschick*-Proben nötig, um sich auf Angriffsentfernung an die Soldaten heranzuschleichen.

Wenn es ihnen aber gelingt, so nahe an ihre Gegner heranzukommen, haben sie auch die Chance, sie zu überraschen und ohne größere Gewaltanwendung zu überwältigen.

Für den Fall, daß die Spieler aber einem Kampf völlig ausweichen wollen, bleiben ihnen auch einige andere Möglichkeiten:

• Die bereits erwähnten alkoholischen Ablenkungsmittel könnten, mit einem Schlafpulver aus der „Hexenküche" Draganas versetzt, die Wachen ebenso effektiv ausschalten, wie eine entsprechend größere Menge Alkhols ohne besondere Beimischungen (gut, daß Noata ihnen auch Bier und Wein mitgegeben hat).

• Wenn einer der Charaktere für eine Ablenkung sorgt, können seine Gefährten sich eventuell unbemerkt an den Wachen vorbeischleichen. Der Spielleiter entscheidet anhand der Anstrengungen des Spielers, wieviel Erfolg er hat. Mit einigen saftigen Beleidigungen oder einigen geworfenen Steinen kann er mit Sicherheit alle Soldaten von der Höhle weglocken, während ein einfaches *„Huhu! Hier bin ich! Kriegt mich doch!"* wohl höchstens einen Wächter von seinem Wachposten fort lockt, während die anderen lachend stehenbleiben und ihren Kameraden anfeuern.

---

**Drei Wächter**

Körper      :  9
Geschick    :  8
Geist       :  7
Ausstrahlung :  6

Fertigkeiten:
1. Strammstehen
2. Exerzieren
3. Trinken

Waffen      : Speer (+2), Dolch (+1)

Rüstungsschutz: 1 (Lederwams)

---

Wenn die Wächter überwunden sind, können die Charaktere in die Höhle eindringen und gelangen dann zum nächsten Abschnitt.

An dieser Stelle müssen die Spieler zum ersten Mal alleine, ohne größere Hilfestellung durch das Abenteuer oder den Spielleiter, ein Problem lösen. Es dürfte interessant sein, mit anzusehen, wie sie dies tun; ob sich einer der Charaktere als Führer profiliert oder ob alle das Problem gemeinsam angehen, ob sie es mit roher Gewalt oder ein bißchen Grips versuchen.

Der Spielleiter sollte erst dann eingreifen, wenn klar ist, daß die Charaktere überfordert sind, und auch dann sollte er die Lösung nicht auf einem silbernen Tablett servieren, sondern höchstens ein paar Tips geben („Die Soldaten sehen nicht sonderlich motiviert aus, eher gelangweilt." oder „Glaubt ihr nicht, daß Leute, die solange hier nur rumstehen, an bestimmten Dingen ein besonderes Interesse haben? Vielleicht mehr, als gut für sie ist?").

Wenn die Charaktere wollen und sich die Gelegenheit ergibt, können sie natürlich auch eventuell gefangene Soldaten befragen, wobei sie dann folgendes erfahren können:

*„Wir sitzen schon seit einer Woche hier rum. Ich weiß auch nicht, was wir da bewachen. Angeblich so etwas wie einen Garten. Wir sollen auf jeden Fall niemanden durchlassen und dürfen auch selbst nicht dort hinein. Aber ich glaube, niemand rechnet ernsthaft damit, daß jemand diesen Ort findet, sonst hätte man bestimmt nicht bloß uns drei hiergelassen. Soweit ich weiß, ist das hier der einzige Zugang zu diesem... Garten oder was auch immer es ist.*

*Vor zwei Tagen kamen ein paar Kameraden von uns, zusammen mit dem Baron selbst, und sie brachten irgendein komisches Gefäß hierher, wie eine bauchige Amphore oder Urne, fast einen Meter hoch. Sie gingen durch den Höhlengang und kamen einige Stunden danach wieder heraus, ohne die Flasche.*

*Als die anderen herauskamen, erzählten sie voller Verzückung immer nur etwas von blühenden Bäumen, aber wir wußten nicht, was sie damit meinten.*

*Seitdem war niemand mehr hier außer uns."*

# Der tote Hain

*Ihr begebt Euch auf den Weg durch die Felsen. Es ist nicht völlig dunkel hier. Es sieht fast so aus, als gäben die Felsen selbst ein diffuses Licht ab, das gerade ausreicht, um auf dem Weg nicht zu stolpern. Mit einem flauen Gefühl im Magen marschiert Ihr weiter, bis vor Euch ein langsam größer werdender Lichtpunkt auftaucht. Der Ausgang!*

*Der Weg weitet sich nach einigen weiteren Metern in einen zwischen hohen Felsen eingegrabenen Talkessel.*

*Vor Euch liegt ein Hain, ähnlich angelegt wie der in Eurer Heimat, und doch könnte nur ein Wahnsinniger auf die Idee kommen, beide miteinander zu vergleichen.*

*Die Bäume sind verdreht und entstellt. Selbst die Farben scheinen nicht ganz richtig zu sein: das Grün der Blätter ist kränklich und unecht, der Boden verharrt in einem unnatürlichen Braun-Ton. Und die an den Bäumen hängenden Früchte würde niemand, der bei klarem Verstand ist, auch nur anfassen, geschweige denn essen.*

*Ihr schreitet langsam durch diese eigenartige Perversion eines lebenden Gartens, auf dem Weg ins Zentrum, wohin Euch eine seltsame Kraft zu ziehen scheint.*

*Nach einiger Zeit glaubt Ihr unter dem leichten Fäulnis-Geruch in der Luft zu ersticken. Ihr könnt Euch des eigenartigen Gefühls nicht erwehren, als würdet Ihr das langsame Sterben eines Stücks Natur wahrnehmen.*

Wenn Ihr als Spielleiter diese Szenerie beschreibt, solltet Ihr Eure Stimme etwas senken, um die Schwere der Worte zu betonen. Sprecht betont langsam und deutlich. Ihr dürft auch manchmal ins Stocken geraten, als fiele es Euch schwer, die Worte auszusprechen. Wenn es Euch gelingt, laßt das Grauen der Beobachter ein wenig in Eure Stimme mit einfließen (sie darf ruhig ein wenig zittern).

Auf diese Art und Weise vermittelt Ihr den Spielern ein viel stärkeres „Erleben" der geschilderten Situation.

Wenn Ihr Euch nicht sicher seid, ob Ihr den richtigen Tonfall getroffen habt, sprecht diese Passage auf eine Cassette und hört sie Euch an. Auch ein „unbeteilig-

Dieser „Hain" ist das Ergebnis der seltsamen Experimente des Barons von Berge und seiner Gefolgsleute, und selbst die seit zwei Tagen auf dieses Gebiet einwirkende Kraft des Baumgeistes konnte die verderblichen Einflüsse seiner Versuche nicht überwinden.

Der Weg durch den Garten soll nicht viel mehr als ein Zwischenspiel darstellen, der Spielleiter muß also nicht unbedingt noch etwas dazuerfinden. Wenn ihm aber danach ist, kann er aber auch noch einige andere mißglückte Experimente eines offensichtlich Wahnsinnigen auftauchen lassen. Dabei könnte es sich um entstellte Waldtiere ohne Haare oder Augen handeln, um blutsaugende Blumen, die vor den Augen der Charaktere einen Hasen oder eine Ratte angreifen, oder auch einfach um einen normalen Vogel, der an einer Frucht nippt und im nächsten Moment tot zu Boden fällt. Vielleicht attackiert auch eine scheinbar lebendige Ranke die Charaktere und versucht sie zu erdrosseln, oder ein seltsam verdrehter Baum schlägt mit seinen Ästen nach ihnen.

Diese Szenen dürfen bei den Spielern ruhig ein wenig betretenes oder schockiertes Schweigen auslösen; schließlich geht es hier um zwei Dinge: zum einen soll den Spielern klar werden, daß ihr Gegner offensichtlich einiges an Macht besitzt, zum anderen sollen sie auch darin bestärkt werden, daß sie wirklich das Richtige tun, wenn sie verhindern, daß dieser Hain weiterlebt.

# Der Gefängnis-Baum

*Ihr nähert Euch immer mehr der Mitte des geheimnisvollen Talkessels, und plötzlich seht Ihr, daß die Pflanzen ein wenig normaler zu wirken beginnen. Der Baumgeist muß ganz in der Nähe sein, denn seine Macht ist inzwischen groß genug, um sogar diesen Perversion der Natur ein wenig reinen Lebens einzuhauchen.*

*Doch Ihr erkennt auch, daß der Geist einen aussichtslosen Kampf führt. Selbst die langsam gesundenden Bäume wirken immer noch so deformiert, daß es kaum wahrscheinlich erscheint, daß sie jemals genießbare Früchte tragen könnten.*

*Dann taucht vor Euch plötzlich eine Lichtung auf, und der Anblick, der sich Euch dort bietet, verschlägt Euch fast den Atem.*

*Ein großer Baum erhebt sich aus ihrer Mitte. Einige seiner Äste sind schwarz und kahl, andere zeigen sich in einem frischen, fruchtbaren Grün, fast so, als kämpften hier Leben und Tod einen grausigen Kampf gegeneinander.*

*Neben dem Baum steht bewegungslos eine hochgewachsene, aber trotzdem gedrungen wirkende Gestalt.*

*Daneben liegt eine riesige, bauchige Flasche zerschmettert am Boden. Das Oberteil wurde zertrümmert, die Splitter sind auf dem Boden verstreut. Wo sie die Erde berühren, ist diese grau und unfruchtbar geworden.*

*Als Ihr näher kommt, könnt Ihr sehen, daß jemand um den Baum herum einen fünfzackigen Stern gezeichnet hat. Ein Pentagramm, das alte Symbol der finsteren Kräfte. Schwarze Kerzen flackern mit unstetem Licht an den fünf Ecken des Drudenfußes.*

*Noata sprach davon, daß es Menschen gibt, die sich die alten, verbotenen Kräfte zunutze machen wollen. Graf von Berge muß zu diesen Verblendeten gehören.*

Der von einem Pentagramm umschlossene Baum ist natürlich der Ort, an dem der Baumgeist gefangen gehalten wird.

Es gibt nur eine Möglichkeit, ihn daraus zu befreien: man muß das Pentagramm unwirksam machen. Dies geschieht ganz einfach durch das Auslöschen oder Entfernen aller fünf Kerzen an den Ecken des Drudenfußes; sobald die Charaktere dies getan haben, geht es weiter beim Abschnitt **Der letzte Wächter**.

Die Gestalt neben dem Baum ist eine Statue, die scheinbar aus Stein gehauen ist. Sie bewegt sich nicht, auch wenn man sie berührt, und mit den vorhandenen Mitteln kann man sie auch nicht beschädigen. Sie ist die exakte Nachbildung eines muskulösen, breitschultrigen Mannes, der nackt zu sein scheint bis auf einen Lendenschurz, eine Weste und die Nachbildung eines Amuletts auf seiner Brust.

Hoffentlich kommt keiner von den Charakteren auf die Idee, die umgestürzte „Flasche" zu berühren (die verdorbene, tote Erde darunter sollte Warnung genug sein). Wenn es doch jemand tut, so durchzuckt ihn ein stechender Schmerz, und er nimmt sofort sechs Punkte Schaden (der Rüstungsschutz hat in diesem Fall keine Wirkung).

Diese Szene dürfte für die Spieler eventuell schwierig zu bewältigen sein, weil sie einfach nicht darauf kommen, was zu tun ist.

In diesem Fall kann der Spielleiter dem Baumgeist einfach ein paar neue Fähigkeiten zugestehen, so daß er sich mittels einer Art Geisterstimme mit einem Charakter in Verbindung setzen kann, dem eine *Ausstrahlungs*-Probe gelingt. Diese Stimme wird dann (offensichtlich leidend) etwas flüstern wie *„Finsternis und Helligkeit in einem... oh, wie sie mir die Kraft rauben, wie sie mich hier fesseln..."* oder, für die Spielergruppe, die nicht so schnell begreift, *„Das Licht! Nehmt mir das Licht!"*

Wenn der Spielleiter es nicht <u>zu</u> einfach machen will, könnte ein Charakter die Stimme vielleicht nur dann hören, wenn er den Baum berührt; dazu muß er sich natürlich ins Innere des Pentagramms wagen (was völlig harmlos ist, aber das muß der Charakter ja nicht unbedingt wissen, oder?).

# Der letzte Wächter

*Kaum ist die letzte Kerze um den Drudenfuß erloschen, da hüllt plötzlich ein seltsames Licht den ganzen Baum ein, und mit einem Seufzer voll unendlicher Trauer gleitet eine schemenhafte Gestalt durch die Rinde des Baumes.*

48

*Eine wunderschöne Frau mit zart-grüner Haut und vielfarbig schillerndem Haar sinkt neben dem Baum zu Boden. Ihr seid Euch sicher, Ihr habt noch nie solche natürliche, unverbrauchte Schönheit erblickt.*

*Der ganze Hain erschauert einen Moment unter dem Verlust dieser Kraft reinen Lebens. Im nächsten Moment bewegt sich plötzlich die Gestalt neben dem Baum und stapft mit ausgestreckten Armen auf Euch zu.*

*„Sie darf nicht gehen!" dröhnt es Euch aus einer offensichtlich unmenschlichen Kehle dröhnend entgegen.*

Die Kreatur, die auf die Charaktere zugeht, ist ein Golem, ein magisches Wesen, das vom Grafen von Berge erschaffen und durch einen in seine Brust eingebetteten Edelstein (der in der Mitte des eingemeißelten Amuletts sitzt) zum Leben erweckt wurde.

Er hat den Auftrag, alle Versuche zu vereiteln, den Baumgeist von hier zu entfernen.

Die Spieler haben jetzt zwei Optionen: entweder besiegen sie den Golem im Kampf (was gar nicht so einfach ist), oder sie entfernen den rot pulsierenden Stein aus seiner Brust (*Geschick*-Probe für denjenigen, der dies versucht; er darf einem Angriff des Golems währenddessen nicht ausweichen).

Wenn der Stein aus der Brust entfernt wird, zerfällt der Golem binnen weniger Sekunden in einen Haufen halb geformten Lehms (dies ist übrigens auch bereits möglich, bevor der Golem sich bewegt; so kann man einem Kampf ausweichen).

Der Golem fällt übrigens ebenfalls auseinander, wenn seine *Körper*- und *Geschick*-Attribute beide auf Null reduziert sind, er also „tot" ist.

Angriffe gegen den unbelebten Golem richten jedoch keinen Schaden an; er wird erst verletzlich, wenn er sich zum ersten Mal bewegt, da man im eigentlichen Sinne nicht seinen Körper, sondern die belebende Magie zerstören muß.

---

**Golem**

| | | |
|---|---|---|
| Körper | : | 10 |
| Geschick | : | 10 |
| Geist | : | 4 |
| Ausstrahlung | : | 2 |

Fertigkeiten:

1. Unbeweglich stehen
2. Unverwundbarkeit bei Unbeweglichkeit
3. Lautlose Bewegung

Waffen : Stein-Fäuste (+3)

Rüstungsschutz: 2 (Harte Haut)

---

An dieser Stelle kommt es mit ziemlicher Wahrscheinlichkeit zum Kampf.

Das heißt: Action ist angesagt! Jetzt müssen die Spieler schnell agieren und reagieren.

Der Spielleiter sollte darauf achten, daß den Spielern wie auch ihren Charakteren nicht viel Zeit bleibt, um sich gegen den Golem zur Wehr zu setzen. Es muß Schlag auf Schlag gehen (im wahrsten Sinne des Wortes), und die Spieler müssen das Gefühl bekommen, als kämen sie wirklich zwischen den Angriffen des Golems kaum zum Atemholen.

Um einen Kampf zu einem Erlebnis zu machen, müssen die

Spieler das Gefühl haben, daß es ihren Charakteren wirklich ans Leben gehen könnte; der Gegner muß darum immer gefährlich wirken, vielleicht sogar übermächtig, damit die Charaktere nach dem Ende des Gefechts das Gefühl haben, sie hätten einen wirklich großen Sieg erfochten. Ein wirklich aufregender Kampf sollte ein Ereignis sein, über das man auch später noch reden wird („*Weißt du noch, damals, der Golem...*").

Ob sie jedoch <u>wirklich</u> in Gefahr sind, weiß nur der Spielleiter, und er wird natürlich nichts erzählen.

Wenn der Golem besiegt ist, steht dem Heimweg der Charaktere nichts mehr im Weg.

Der Baumgeist ist jedoch zu geschwächt, um sich alleine zu bewegen oder auch nur zu reden; einer der Charaktere muß ihn tragen. Wer auch immer sich dazu bereit erklärt, erntet einen Blick so voller Dankbarkeit aus den wasserblauen Augen des erschöpften Wesens, daß sich allein dafür schon alle Anstrengung gelohnt hätten (trotzdem sollten die Charaktere sich hin und wieder ablösen, denn so leicht der Baumgeist auch ist, irgendwann wird er selbst einem gestandenen Jägersmann oder Wirt zuviel).

Reden wird der Baumgeist in dieser Szene nur dann, wenn die Charaktere ihn ansprechen und etwas fragen. Er wird nach bestem Wissen und Gewissen antworten, in einer schwachen, kaum hörbaren Geisterstimme, die in den Köpfen der Charaktere leise flüstert, ohne daß der Geist seinen Mund bewegt.

# Das Aufatmen der Natur

*Der Weg zurück erscheint Euch viel kürzer, als ihr es nach dem beschwerlichen Hinweg vermutet hättet, doch das mag auch an der fröhlichen Leichtigkeit liegen, die in Euren Herzen ist und Eure Schritte zu beflügeln scheint. Wie in einem Taumel der Gefühle erreicht Ihr schließlich wieder den Hain von Hügelsruh.*

*Der Baumgeist blickt mit offensichtlicher Bestürzung auf den Schaden, den seine Abwesenheit hier angerichtet hat.*

*Dann erreicht Ihr das Zentrum, und als*

50

*werde es plötzlich von neuer Kraft durchströmt, gleitet das übernatürliche Wesen von den Armen seines Trägers auf den Lebensbaum zu. Der Geist gleitet in die Mitte der Pflanze und macht streichelnde Bewegungen mit seinen Händen. Wie von Geisterhand beginnt sich der Baum wieder zusammenzuziehen, die grausigen Löcher in seinem Stamm schließen sich wieder, und Euch alle durchströmt ein unbeschreibliches Gefühl von Frieden und Freude, das wohl nicht nur aus Eurem eigenen Inneren stammt.*

*Als Ihr die Lichtung wieder verlaßt, fällt Euer Blick auf einige der vertrockneten Bäume auf Eurem Weg.*

*„Seht nur, seht!" ruft Adrian plötzlich. Er hat den Ast eines neben ihm stehenden Baumes zu sich herunter gebogen. Ihr versammelt Euch um ihn. Jetzt könnt auch Ihr die auftauchenden Knospen sehen, die sich auf dem langsam grüner werdenden Holz zeigen, wie ein Fingerzeig der Hoffnung für Hügelsruh.*

*Der Hain ist gerettet!*

---

Die schönste Belohnung am Ende eines Abenteuers ist die Befriedigung, die es bei den Spielern auslösen soll. Sie sollen das Gefühl haben, wirklich etwas erreicht zu haben.

Natürlich gibt es auch Abenteuer, die von ihrer Anlage her anders enden müssen, vor allem dann, wenn die Geschichte noch weiter gesponnen werden soll, die Handlung am Ende des Abenteuers vielleicht gerade einen kritischen Punkt erreicht.

Aber den Spielern sollte immer klar sein, daß ihnen etwas gelungen ist und daß sie nicht einfach nur ohne Sinn und Zweck durch die Gegend gestolpert sind.

---

# Und wie geht's weiter?

Auch wenn diese Geschichte beendet ist, die Möglichkeiten, die Abenteuer unserer Freunde weiterzuspinnen, sind schier endlos.

Laßt einfach Eure Phantasie spielen und überlegt Euch selbst weitere Abenteuer für die „Fünf von Hügelsruh".

Wird sich zum Beispiel Baron von Berge einfach damit zufrieden geben, daß man ihm „seinen" Baumgeist weggenommen hat? Ist es nicht viel wahrscheinlicher, daß er sich an den Bewohnern von Hügelsruh rächen will? Er könnte zum Beispiel eine Gruppe von Banditen dafür bezahlen, daß sie das Dorf überfallen. Vielleicht bietet ihm aber auch seine Erfahrung im Bereich der Schwarzen Magie ganz andere Möglichkeiten; wer weiß schon, welche Kreaturen ihm zu Gebote stehen?

Wie auch immer sich jedoch die weiteren Geschehnisse entwickeln, Ihr werdet eine ganz eigene, neue Welt entdecken. Eine Welt, deren Herr Ihr alle seid, denn Ihr, die Spieler und auch der Spielleiter, Ihr werdet gemeinsam bestimmen, wie diese Welt aussieht.

Ich wünsche Euch auf jeden Fall viel Vergnügen bei der weiteren Erforschung von Hügelsruh.

# Rollenspiele
## – Ein kurzer Überblick –

Wenn Ihr **Das ERSTE** bis hierhin gelesen und vielleicht sogar schon Euer erstes Abenteuer überstanden habt, dann wollt Ihr vielleicht auch wissen, wie es nun weitergeht.

Nun, da müssen wir Euch zunächst einmal eine „schlechte" Nachricht übermitteln:

Die einzige Erweiterung, die es für dieses Spiel jemals geben wird, ist (wer hätte das gedacht?) **Das ZWEITE**, welches die Fortführung der Geschichte um Hügelsruh sowie eine Sammlung weiterführender Artikel enthält. Ihr könnt dieses Werk bald nach Erscheinen dieses Buches kostenlos von unserer Web-Site (*http:// www.krimsu.de*) herunterladen; es ist sozusagen unser Dankeschön an all die Leute, die mit dem Kauf dieses Produkts dafür gesorgt haben, daß wir überhaupt eine zweite Auflage produzieren konnten.

Eigentlich sind wir damit sogar schon wortbrüchig geworden, denn in der ersten Auflage hatten wir noch vollmundig angekündigt, daß **Das ERSTE** ein einmaliges Produkt ist, für das es niemals eine Erweiterung oder Fortführung geben würde.

Das Heft war von Anfang an als reines Einsteiger-Produkt geplant, das einem Neugierigen lediglich einen ersten Eindruck vermitteln sollte, was er von einem Rollenspiel zu erwarten hat.

Wir überlassen Euch also jetzt Eurer eigenen Phantasie oder aber, wenn Ihr Euch noch nicht so recht an eine „Eigenentwicklung" herantraut, den Produkten unserer Kollegen, auf die wir jetzt etwas näher eingehen wollen.

## Was gibt's überhaupt zu kaufen?

Zunächst einmal braucht man für ein neues Rollenspiel natürlich ein Regelwerk. Bei den meisten Spielen bekommt man zusätzlich zum reinen Spielsystem auch eine Beschreibung des dazugehörigen Hintergrundes und manchmal sogar ein erstes Abenteuer.

Für fast alle Spiele kann man außerdem vorgefertigte Abenteuer kaufen, ebenso Erweiterungsbände, die sich mit bestimmten Aspekten des Regelwerks oder Spielhintergrunds beschäftigen (zum Beispiel mit Magie oder auch mit einer bestimmten Rasse, die die jeweilige Spielwelt bewohnt).

Für einige Spiele kann man auch komplett ausgearbeitete Hintergrundbeschreibungen kaufen, sogenannte Kampagnen, die ganze Länder oder sogar Welten darstellen, in denen die Charaktere sich dann bewegen können.

Und nicht zuletzt gibt es auch immer wieder Regelerweiterungen, wenn den Autoren neue Ideen kommen, wie sie ihr Spiel besser, variantenreicher oder auch einfach nur komplizierter gestalten können.

Für einige Spiele oder Welten, normalerweise von größeren Herausgebern, die die nötige Finanzkraft haben, werden auch Bücher, Comics, Brett-

oder Computerspiele produziert; sie sind zwar nicht unbedingt typisch für den Bereich Rollenspiel, werden jedoch trotzdem häufig von den Fans des jeweiligen Systems gekauft.

Nachdem wir jetzt also einen ungefähren Überblick gewonnen haben, welche Produkte man kaufen kann, schauen wir uns mal die verschiedenen Genres mit ihren bekanntesten Vertetern an.

Wir wollen uns dabei auf die Spiele beschränken, von denen wir wissen, daß sie aktuell (Stand Juli 2002) in Deutschland in professionell gedruckter Form erhältlich sind und weiterhin unterstützt werden. Mögen alle, die wir übersehen haben, uns verzeihen.

Aber wie Ihr sehen werdet, selbst bei dieser Einschränkung droht man schon den Überblick zu verlieren.

## (A)D&D

Der Nachfolger des allerersten Rollenspiels überhaupt (siehe auch „Einführung ins Rollenspiel"), und international immer noch der absolute Topseller.

Das Spiel basiert auf einfachen Grund-Regeln, ist aber durch viele mögliche Regelerweiterungen auch für den „Profi" geeignet. Es eignet sich besonders für Anhänger der heroischen Fantasy, mit überlebensgroßen Helden.

Die dritte Ausgabe des Spiels (die jetzt wieder nur noch **D&D** heißt) ist 2001 erschienen und die schiere Masse an Produkten, die es sowohl auf Deutsch als auch (vor allem) auf Englisch für das Spiel zu kaufen gibt,

spricht auf jeden Fall für dieses System.

## Midgard

Das „dienstälteste" deutsche Rollenspiel ist auch nach fast zwanzig Jahren noch gut im Geschäft. Seine Regeln sind nicht übermäßig komplex, aber auch nicht immer einfach.

Die recht umfangreiche Produktlinie unterstützt besonders den Bereich der klassischen Fantasy und ist qualitativ sehr hochwertig, wenn auch stellenweise etwas trocken geschrieben.

## Das Schwarze Auge

Das bekannteste und am weitesten verbreitete Fantasy-Rollenspiel ist aktuell in der vierten Ausgabe vierteljährlichen in Deutschland. Auch dieses Spiel ist besonders für heroische Fantasy geeignet. Das Gesamtregelwerk ist inzwischen bereits recht umfangreich geworden, basiert aber auf einfachen Mechanismen, die auch für einen Einsteiger schnell nachzuvollziehen sind.

**DSA** (Abkürzung für **Das Schwarze Auge**) und seine Spielwelten Aventurien und Myranor werden von der umfangreichsten Produktreihe unterstützt, die es für ein deutsches Rollenspiel gibt. Im HEYNE-VERLAG erscheint auch eine Buchreihe zu diesem Spiel.

## Earthdawn

Angesiedelt nach einem magischen Holocaust müssen die Charaktere am Wiederaufbau ihrer Welt mitarbeiten.

Die Regeln dieses Spiels sind etwas komplizierter (also nicht unbedingt für

Einsteiger geeignet), unterstützen aber recht gut den epischen Charakter des Hintergrundes.

Vom Hintergrund her gibt es einige Parallelen zu **Shadowrun** (siehe unten), das Spiel ist aber eigenständig genug.

## Mittelerde

Das Rollenspiel für DIE klassische Fantasywelt aus J.R.R.Tolkien's *Der Herr der Ringe*.

Aufgrund der tabellenlastigen, zunächst nur schwer überschaubaren Regeln ist dieses Spiel trotzdem für Einsteiger kaum geeignet. Außerdem stehen qualitativ hochwertige Hintergrundbeschreibungen häufig sehr schwachen Abenteuern gegenüber. Trotzdem, für Tolkien-Fans ein Muß!

## Ruf des Warlock

Dieses Spiel steht wie kaum ein anderes in Deutschland für Düstere Fantasy. Alle Produkte zu diesem Spiel leben von den skurrilen Ideen der Autoren sowie einem konsequent eigenen Stil, der jedoch bei weitem nicht jedem gefällt. Horror- und Fantasy-Elemente mischen sich mit Anspielungen auf unsere moderne Welt zu der eigenständigen und bestimmt nicht uninteressanten Hintergrundwelt Tanaris.

Auch das Regelwerk besticht (oder verärgert, je nach Standpunkt) durch seine außergewöhnlichen Ideen, ist jedoch so komplex, daß es für Einsteiger absolut ungeeignet ist.

Der **Ruf des Warlock** - man liebt ihn, oder man haßt ihn.

## Tribe 8

Die Übersetzung eines kanadischen Rollenspiels, das die Helden in eine mystische Welt nach dem Ende eines großen Krieges versetzt.

Sehr geschichtenorientertes Regelwerk mit eigenwilligen Ideen und einem bizarren und dennoch stimmigen Hintergrund, der sich verschiedener Fantasy- und Horror- sowie einiger Science-Fiction-Elemente bedient. Für Leute, die das Außergewöhnliche suchen.

## 7te See

Dieses Swashbuckler-Rollenspiel gibt sich alle Mühe, eine Mischung aus den Romanen eines Alexandre Dumas und zeitgenössischen Fantasy-Ideen zu liefern.

Die Regeln versuchen das abenteuerliche Flair dieser Zeit einzufangen und sind auch für einen Anfänger zu meistern.

Erneut ein Fall eines Spiels, das man sich wohl wegen seines Hintergrundes kauft.

## Castle Falkenstein

Wer sich eine Welt des 19. Jahrhunderts vorstellen kann, in der eine von Magie unterstützte Dampf-Technologie entstanden ist und in der sich das Königreich Bayern unter Ludwig II. mit seiner Luftmarine zur beherrschenden Macht in "Neuropa" gemausert hat, der kann sich auch die Welt von **Castle Falkenstein** vorstellen.

Ein in vielerlei Hinsicht außergewöhnliches Spiel, das in seinen Regeln keine Würfel, sondern Spielkarten benutzt. Aufgrund der einzigartigen Präsentation (irgendwo zwischen Roman und Regelwerk) und der eingängigen Regeln auch für Einsteiger geeignet (wenn sie offen für das Außergewöhnliche sind). Leider gibt es nicht allzu viele Erweiterungen für das Spiel, und eventuell werden keine weiteren mehr erscheinen.

## hârnmaster

Dieses komplizierte Rollenspiel spielt auf der stark mittelalterlich geprägten Welt Hârn. Diese Welt ist nach Meinung vieler Leute eine der besten Weltbeschreibungen überhaupt, und manche sagen auch, die Welt sei erheblich besser als das Spiel, das auf ihr angesiedelt wurde.

Aufgrund der extremen Regeln ist **Hârnmaster** für Einsteiger absolut nicht geeignet.

## Cyberpunk

Aufbauend auf Büchern wie *Neuromancer* und Filmen wie *Bladerunner* hat sich der Cyberpunk als Untergattung der Science Fiction in den achtziger Jahren etabliert. Dieses Rollenspiel basiert, passend zu diesem Quellenmaterial, auf einem sehr finsteren und zynischen Hintergrund, den angemessen auszuspielen nicht ganz leicht ist; Cyberpunk-Fans betrachten das System aber als einzig mögliche Wahl, wenn man sich schon spielerisch mit dieser Form der Anti-Utopien beschäftigen will.

Vom Hintergrund abgesehen, ist aber das Regelwerk wohl auch zu komplex, um für einen Einsteiger wirklich geeignet zu sein.

# Fading Suns - Die sterbenden Sonnen

Die Sterne des Weltalls verblassen, und niemand weiß warum. Eigentlich hat auch niemand Zeit, sich darum zu kümmern, denn viele verschiedene Fraktionen kämpfen um die Vorherrschaft im Imperium der Menschheit, das auch noch von einer Reihe äußerer Feinde bedroht wird.

Man könnte diesen Hintergrund als feudale Science Fantasy bezeichnen, bei der soviel Konflikt-Potential existiert, daß man sich fragt, wie sich überhaupt eine Gruppe zusammenfinden kann.

Die Regeln sind nicht immer einfach, aber wenn man sich einmal an sie gewöhnt hat, funktionieren sie recht gut.

Trotzdem, auch wegen seines Hintergrundes, eher für erfahrene Rollenspieler gedacht.

# Shadowrun

Diese Mischung aus Cyberpunk- und Fantasy-Elementen spielt in einer Welt der Zukunft, in der die Magie wiedererwacht ist, wodurch so manche Kreatur, die man bislang als bloße Legende abgetan hat, plötzlich wieder auftauchte.

Vor diesem interessanten Hintergrund tummelt sich ein mittelschweres Regelwerk, das vor allem für wildes und action-orientiertes Rollenspiel geeignet ist. Eine Tendenz, übermächtige Super-Charaktere zu erschaffen, läßt sich nicht ganz von der Hand weisen.

Wie bereits erwähnt, gibt es einige Verbindungen im Hintergrund zu dem von **Earthdawn** (siehe oben).

# Space Gothic

Dieses Science-Fiction-Rollenspiel ist in einer von Kirche und Konzernen bestimmten Zukunft angesiedelt und mit deutlichen Horror- und Action-Elementen durchsetzt, die manche Leute abschrecken mögen.

Wer sich aber mit einem solchen Hintergrund anzufreunden vermag, den erwartet hier ein interessantes Spiel mit vielen absonderlichen Ideen. Es wird gut und regelmäßig mit Abenteuern und anderem Material unterstützt.

Die stellenweise etwas komplizierten Regeln dürften einem Neuling jedoch den Weg in diese Welt nicht unbedingt leicht machen.

# ANGELI

In diesem Rollenspiel um Engel und Dämonen geht es um die Einhaltung des großen Plans der Schöpfung, der immer wieder von Unwissenden oder Skrupellosen gestört wird.

Der Hintergrund ist interessant und sehr episch, vor allem aber wird hier durchaus nicht immer das geliefert, was man im ersten Moment zu einem bestimmten Thema erwarten würde. Das Ganze bewegt sich auf einem schmalen Grad zwischen Fantasy und Horror.

Das komplexe Regelwerk ist für Einsteiger nicht geeignet; wer sich aber für den reinen Hintergrund interessiert, wird bemerken, daß viele Produkte bemerkenswert „systemfrei" und somit allgemein verständlich geschrieben wurden.

Neben einer Reihe von „normalen" Produkten wird das System momentan vor allem über das Internet unterstützt.

# CTHULHU

Nach jahrelangem Tauziehen um die Rechte an diesem Spiel ist das Regelwerk zu H.P. Lovecrafts *Cthulhu*-Mythos endlich wieder in deutscher Version erhältlich.

Die Regeln sind recht überschaubar, aber sowohl der Hintergrund als auch der Spielverlauf erfordert sehr viel mehr, als es auf den ersten Blick den Anschein hat. Wie in den Geschichten, die dem Spiel zugrunde liegen, ist das Böse hier nicht beherrschbar und häufig nicht einmal zu bekämpfen; vielen Charakteren wird nach einer Reihe schrecklicher Ereignisse nur die Flucht in den „rettenden" Wahnsinn bleiben.

Wer Lovecrafts Prosa mag, wird auch dieses Rollenspiel mögen. Von vielen Insidern wird **Cthulhu** als bestes Rollenspiel überhaupt angesehen.

# DEADLANDS

Howdy, Partner! Wenn Du Western liebst, nichts gegen Horror hast und bizarre Welten Dich nicht stören, dann ist das hier Dein Spiel!

Wir schreiben das Jahr 1876. Der amerikanische Bürgerkrieg tobt immer noch, doch es gibt wichtigere Probleme, denn ein indianischer Schamane

56

hat Geister und Dämonen auf die Welt losgelassen. Magier und verrückte Wissenschaftler, Revolverhelden und Untote, sie alle bewegen sich durch eine verrückt gewordene Western-Landschaft.

Die Regeln passen sich diesem Hintergrund an und nutzen Würfel, Poker-Karten und Pokerchips.

Gefällt Euch der Hintergrund? Kauft Euch das Spiel! Ansonsten, vergeßt es lieber!

# IN NOMINE

Auch in diesem Rollenspiel geht es, ähnlich wie beim bereits erwähnten **Angeli**, um Engel und Dämonen, die sich in einem ewigen Streit befinden; es ist jedoch deutlich parodistischer angelegt.

Die Produkte zu diesem Spiel sind qualitativ schwankend. Nicht alles ist wirklich lustig, aber auch im Gegenzug nicht unbedingt ernstzunehmen; manchmal werden vielleicht auch die Grenzen dessen, was man „Geschmack" nennt, überschritten. Wer sich jedoch für eine nicht ganz biererernste Aufbereitung der Thematik interessiert, kann hier ruhig zugreifen; die Regeln sind relativ einfach gehalten.

# NEPHILIM

Nephilim sind uralte, höhere Wesen, die aus den Elementen Feuer, Wasser, Erde, Luft und Mond bestehen, und zu Ihrer

Vervollkommnung noch der „Sonne" bedürfen. Die einzigen Wesen, die dieses Element beherrschen, sind die Menschen. Deshalb brauchen sie diese niederen Wesen als „Wirte", die ihnen die Möglichkeit geben, durch die

verschiedensten Epochen der Geschichte zu reisen.

Klare, aber nicht immer einfache Regeln und ein wohl einzigartiger Hintergrund, der esoterische Ideen mit wilden Verschwörungstheorien mischt, sprechen für dieses Spiel, das in seiner deutschen Version eine Mischung aus Elementen der amerikanischen und der französischen Ausgabe darstellt.

Auf jeden Fall dürfte es Rollenspiel-Einsteiger allein wegen seiner Vielseitigkeit überfordern.

# WORLD OF DARKNESS

Diese Serie von Rollenspielen vor einem gemeinsamen Hintergrund versetzt klassische Fantasy- und Horror-Gestalten in ein modernes Zeitgeist-Umfeld.

Mit **Vampire - Die Maskerade, Werwolf - Die Apokalypse, Wechselbalg - Der Traum** (über Feenwesen) und **Magus - Die Erleuchtung** (über Magier) sind vier der fünf Regelwerke der Original-Ausgabe auch auf Deutsch erschienen.

Die Regeln sind leicht und gut zu durchschauen; wer jedoch auf die Dauer dem komplexen Hintergrund folgen will, muß einiges an Lesearbeit investieren, denn zu jedem Spiel gibt es unzählige Erweiterungen zu den verschiedenen „Kreaturen" und ihren Unterarten. Leider geht dadurch auf die Dauer der enge Fokus des Spiels zugunsten einer sich selbst ständig erweiternden Welt verloren.

möchte ich das Spiel trotz einer eigenen Welt nicht der Fantasy zurechnen.

Die Verwendung einer anderen Welt als der unseren und einige der historischen Interpretationen des Autors finden wohl nicht jedermanns Gefallen, aber wer historisch interessiert ist, sollte sich trotzdem an diesem Spiel versuchen.

# Degenesis

**Endland** machte es vor, und **Degenesis** folgte ihm aus dem Internet in die Rollenspiel-Läden. Mit *Ein Stern wird fallen* erschien im Oktober 2001 der Einsteiger-Band in eine Endzeit-Welt, die uns ein völlig verändertes Deutschland in einigen Jahrhunderten zeigt.

Es handelt sich um eine geschundene Welt, zerrissen zwischen verbliebenen Resten von Hochtechnologie und primitiver Barbarei, bedroht vom roten Teufelsstaub, der alles verbliebene Leben unter sich begraben will. Und als sei das noch nicht genug, bedrohen zusätzlich Kultisten, psi-begabte Mutanten und wilde Stämme das Überleben der Charaktere.

**Degenesis** verfügt in der Einsteiger-Version über ein leicht überschaubares Regelsystem, das durch im Internet verfügbare Zusatzbände jedoch beliebig erweitert werden kann. Der Hintergrund ist natürlich, wie so häufig, Geschmackssache, aber der relativ geringe Einstiegspreis und die Regeln machen es für Endzeit-Fans zu einem interessanten Einstieg in die Welt des Rollenspiels.

# Endland

Nur wenige Spiele schaffen den Sprung aus dem Internet in die gedruckte Form, doch **Endland** ist eins davon.

Die Endzeit ist hereingebrochen, unsere Welt hat sich so sehr verändert, daß man sie kaum noch wiedererkennen würde, und neue Rassen wie die fliegenden Ikarim oder die im Wasser lebenden Aquides sind entstanden. Das Wissen um die alte Technologie ist verlorengegangen, doch die Beherrschung der verschiedenen Elemente gibt den Bewohnern einer sterbenden Welt neue Macht.

**Endland** ist ein bunter Cocktail aus Endzeit-Szenario und althergebrachter Fantasy. Die Regeln sind etwas komplexer ausgefallen, und auch wegen des letztendlich fatalen Ausgangs der Kampagne ist dieses Spiel wohl eher für erfahrene Rollenspieler zu empfehlen.

# Engel

In einer fernen Zukunft toben die Fegefeuer der Hölle über die Erde, und die Kreaturen des Satans, genannt die Traumsaat, kämpft gegen die Himmlischen Heerscharen, die von ihren Bergfestungen, den „Himmeln", herab den Menschen beistehen.

So zumindest verkündet es die Angelitische Kirche, und an diesen Worten zu zweifeln bedeutet, sich der Ketzerei schuldig zu machen. Doch wie lange wird es wohl dauern, bis die Spieler in der Rolle junger Engel selbst an den Worten zweifeln, die sie predigen sollen?

Was in Amerika schon lange gang und gäbe ist, nämlich die Verbindung eines Rollenspiels mit anderen Medien wie Romanen, Comics und Musik, versucht in Deutschland nun der Verlag FEDER & SCHWERT, und sein Rollenspiel **Engel** hat neben einem gut ausgearbeiteten und außergewöhnlichen Hintergrund auch gleich zwei Regelwerke zu bieten: ein zur neuen Ausgabe von **D&D** kompatibles Würfelsystem und das sogenannte Arkana-System, das auf der Interpretation von Karten basiert und für Leute geeignet ist, die eher erzählen als würfeln wollen. Auf jeden Fall ein Geheimtipp für Einsteiger wie „Profis"!

# GURPS

Das *Generic Universal Role-Playing-System* (das „Generische Universal-Rollenspiel") ist ein Regelwerk, das ein Spiel in allen denkbaren Welten ermöglicht. Käufliche Erweiterungen in Deutsch reichen über allgemeine Hintergründe wie Fantasy, Science Fiction und Horror bis hin zu „Spezialgebieten" wie Cyberpunk, Conans Cimmeria oder die seltsame Scheibenwelt.

Die Grundregeln sind einfach gehalten, aber wer sich allzu tief in die optionalen Sonderregeln hineinwagt, läuft Gefahr, irgendwann darin verloren zu gehen; weniger kann hier mehr sein, obwohl einige Leute sagen, nur mit den ganzen optionalen Regeln wird es erst richtig „realistisch". Jeder halt nach seinem eigenen Geschmack!

# Plusch, Power & Plunder

Ein einfaches, sehr parodistisch angelegtes Rollenspiel über lebende Plüschtiere, die sich nach ihrer „Beseelung" vor den allzu neugierigen Menschen verstecken müssen. Hier kann man in einer Welt, die sich selbst nicht ernst nimmt, mal so richtig den Teddy rauslassen.

Die Regeln sind sehr einfach gehalten und lassen dem Spieler viele Frei-

heiten in der Auslegung. In der *2nd Edition* wurde **PP&P** übrigens mit vielen Tips für Rollenspiel-Anfänger versehen, um ihnen den Einstieg in das Spiel zu erleichtern.

# TRI

Ein Rollenspiel auf drei Welten, die durch einen eigenartigen Nebel miteinander verbunden sind. Fantasy, düstere Science Fiction und eine Welt in den dreißiger Jahren unseres Jahrhundert bilden die drei Eckpunkte dieses Spiels, bei dem die Charaktere die Rolle von „Welten-Wanderern" übernehmen.

Leider ist das Spiel ziemlich teuer, wenn man es komplett haben möchte, da die Grundregeln in insgesamt drei Bänden vorliegen, und das dürfte viele abschrecken.

# TWERPS

*The World's Easiest Roleplaying Game* („Das einfachste Rollenspiel der Welt") trägt seinen Namen nicht ganz zu Unrecht. Es kennt nur eine einzige Charaktereigenschaft: *Stärke*.

Die **TWERPS**-Bände parodieren schamlos alle nur denkbaren Hintergründe, was jedoch nicht immer gleich witzig gerät. Von vielen Leuten wird das Spiel jedoch einfach als ZU primitiv angesehen, um wirklich spielbar zu sein.

# Das Internet

Seit dem Boom des Internets haben auch viele Autoren die neue Technologie genutzt, um ihre Ideen einer (mehr oder weniger) breiten Öffentlichkeit zu präsentieren.

Darunter befinden sich natürlich auch ganze Rollenspiele, die man einfach so herunterladen und zum Spielen nutzen kann. Hier findet sich für jeden Geschmack etwas, von der klassischen Fantasy-Welt über bizarre Endzeit-Szenarien bis hin zu Spielen, die versuchen, den Brückenschlag zwischen verschiedenen Welten zu schaffen.

Hier eine umfassende Liste in gedruckter Form zu präsentieren, er-

scheint fast unmöglich; ich möchte darum an dieser Stelle auf unsere Web-Site (*http://www.krimsu.de*) verweisen, wo wir auf unserer Link-Seite eine ständig aktualisierte Liste von Anbietern aus diesem und vielen anderen Bereichen haben.

## Interesse bekommen?

Ich hoffe, wir konnten Euch ein wenig den Mund wässrig machen, so daß Ihr nun vielleicht wissen wollt, an wen Ihr Euch wenden könnt, um mehr zu erfahren. Wenn ja, dann habt Ihr Glück, denn genau damit beschäftigen wir uns in unserem abschließenden Kapitel.

# Wo erfahre ich mehr?

Es gibt viele Adressen, an die man sich wenden kann, um mehr über das Rollenspiel an sich oder über erhältliche Produkte zu erfahren. Einige der gängigsten Adressen wollen wir Euch nun nennen, damit Ihr Euch selbst informiern könnt.

## Vereine

Wie wir bereits in einem früheren Kapitel erwähnt haben, haben sich um das Rollenspiel eine ganze Reihe von Clubs und Vereinen gebildet, die sich mit teils regionaler, teils deutschlandweiter Zielsetzung um die Belange von Rollenspielern kümmern (dabei natürlich vor allem um die eigenen Mitglieder).

Momentan gibt es jedoch nur zwei aktive Vereine mit überregionalem Anspruch; schaut Euch vielleicht am besten mal vor Ort bei Euch zuhause um, ob sich dort nicht ebenfalls ein lokaler Verein befindet.

**Gilde der
Fantasy-Rollenspieler e.V.**
E-Mail:     gfr.e.v.@gmx.de
Web-Site:http://www.gfrev.de

**ADRV e.V.**
Im Heidkampe 2
30659 Hannover
Telefon:   (0511)  64 70 800
Telefax:   (0511)  64 70 808
E-Mail:    info@adrv.de
Web-Site:http://www.adrv.de

# Und natürlich wir!

Und die wichtigste Adresse (ähem...) ist natürlich unsere eigene.

Ihr könnt Euch jederzeit mit Fragen an uns wenden, und wir werden immer versuchen, diese zu beantwortn.

Auf unserer Web-Site (für alle mit kurzem Gedächtnis: *http:// www.krimsu.de*) findet Ihr außerdem eine umfangreiche Liste von Verlagen, Vereinen, Magazinen und anderen Organisationen aus dem Spielebereich, die wir mit kompletten Adressen und Internet-Kontakt-Informationen auflisten, so daß Ihr wißt, an wen Ihr Euch wenden könnt, wenn Ihr mehr wissen wollt.

Vor allem wird unsere Web-Site regelmäßig aktualisiert, wohingegen wir natürlich nicht garantieren können, daß die hier aufgeführten Adressen in ein oder zwei Jahren noch stimmen.

Und JA, ich weiß, daß das eine kaum versteckte Eigenwerbung ist...

---

KRIMSUS KRIMSKRAMS-KISTE
c/o Mark Sienholz
Barerstr.65
80799 München
Telefon:   (089)  27 16 961
Telefax:   (089)  27 16 961
E-Mail:    info@krimsu.de
Web-Site:http://www.krimsu.de

---

# Nachwort

1984 änderte sich mein ganzes Leben, als mir jemand, den ich damals kaum kannte, ein Heft in die Hand drückte, das ich mir unbedingt durchlesen sollte. Es handelte sich um das Regelheft zu **D&D**.

Ich verliebte mich sofort in diese seltsame Idee vom Rollenspiel und startete bald darauf in mein erstes Abenteuer. Andor, mein damaliger Charakter, wurde später berühmt dafür, daß er sich bei jeder passenden und unpassenden Gelegenheit umbringen ließ und immer wieder durch allerlei magische Tricks ins Leben zurückgebracht werden mußte. Aber das ist eine andere Geschichte.

Auf jeden Fall waren diese ersten holprigen Schritte für mich der Einstieg in ein Hobby, das mich seit vielen Jahren nicht wieder losgelassen hat. Wie konnte ich bloß anderen diese faszinierende Sache näherbringen?

Es mußte ein einfaches Regelwerk her, das auch direkt ein Abenteuer enthielt, sozusagen das kompakte Einsteiger-Paket zum Direkt-drauflos-spielen.

Aus einigen Ideen und ersten Notizen, deren Ursprung bis weit in die achtziger Jahre zurückreichen (als ich noch jung und hübsch war), entstand dann vor drei Jahren die Urversion von **Das ERSTE**, und seltsamerweise mußte ich bei der jetzt nötigen Überarbeitung für die neue Ausgabe kaum etwas ändern, so zufrieden war ich auch jetzt noch mit dem damaligen Ergebnis (was natürlich auch heißen kann, daß ich seit einigen Jahren einfach nichts mehr dazugelernt habe).

Der Erfolg dieses Produktes läßt sich weniger an seinen Verkaufszahlen messen, als eher an den Leuten, die mit ihm einen ersten Kontakt zum Rollenspiel hergestellt haben, denen wir vielleicht den Spaß am Spielen, Schauspielern und Phantasieren wiedergeben konnten. Und die Tatsache, daß ich heute das Nachwort für die zweite Auflage schreiben kann, zeigt, daß die Verkaufszahlen zusätzlich gestimmt haben. Vielen Dank dafür!

Auch diesmal soll mein Dank wieder an einige Leute gehen, die mir entweder bei der ersten oder der zweiten Auflage geholfen haben, das Produkt zu dem zu machen, was jetzt vor Euch liegt:

- Manfred Hinterberger vom Jugendreferat des Kreises Mettmann, der mir einen Termin gab, an dem ich eine erste Version dieses Textes als Grundlage einer Veranstaltung benutzen mußte, und mich somit zur Arbeit zwang
- Jens Eggert und Uwe Lerch, die sich als Spielleiter mit eben jener Rohversion dieses Produktes herumschlagen mußten
- Brigitte Hirtz-Breitmar, Wolfram Iglisch, Gabi Sandfuchs und Mark Sienholz, die mir immer wieder als Lektoren, Korrektoren und Ideenlieferanten zur Seite standen
- Nils Hamm, der mit seinen hervorragenden Illustrationen meistens genau die Stimmung traf, die ich mir ausgemalt hatte
- Marcus Wevers, der dieser zweiten Auflage das schöne Layout verpaßt hat, das der ersten Auflage noch fehlte
- SeBiG, der dem tollen Titelbild von Nils Hamm für die zweite Auflage eine noch einmal drastisch verbesserte Umrandung verpaßt hat

Auf jeden Fall danke ich aber auch Dir, weil Du Dir **Das ERSTE** gekauft hast. Ich hoffe, daß Dir das Heft gefallen hat und daß wir uns vielleicht im Nachwort eines anderen Spiels irgendwann wiedertreffen werden. Bis es aber soweit ist, wünsche ich Dir viel Spaß beim Rollenspiel. Denn Du bleibst doch jetzt bestimmt dabei, oder?

*Ralf Sandfuchs*
*04.07.2002*